孔子学院总部/国家汉办
Confucius Institute Headquarters(Hanban)

北京语言大学国际汉语教学研究基地重点项目成果丛书

国际汉语教学
词汇教学方法与技巧

总 策 划：崔希亮　王路江
总 主 编：迟兰英
分册主编：苏英霞

INTERNATIONAL CHINESE TEACHING
Methods and Techniques for Teaching Chinese Vocabulary

李先银　吕艳辉　魏耕耘　著

北京语言大学出版社
BEIJING LANGUAGE AND CULTURE UNIVERSITY PRESS

图书在版编目（CIP）数据

词汇教学方法与技巧 / 苏英霞主编 ；李先银，吕艳辉，魏耕耘著．-- 北京 ：北京语言大学出版社，2015.9（2023.9 重印）

（国际汉语教学）

ISBN 978-7-5619-4234-5

Ⅰ.①词… Ⅱ.①苏… ②李… ③吕… ④魏… Ⅲ.①汉语－词汇－对外汉语教学－教学法 Ⅳ.① H195.3

中国版本图书馆 CIP 数据核字（2015）第 176441 号

词汇教学方法与技巧

CIHUI JIAOXUE FANGFA YU JIQIAO

排版制作：北京创艺涵文化发展有限公司

责任印制：周 燚

出版发行：北京语言大学出版社

社　　址：北京市海淀区学院路 15 号，100083

网　　址：www.blcup.com

电子信箱：service@blcup.com

电　　话：编辑部 8610-82303647/3592/3395

国内发行 8610-82303650/3591/3648

海外发行 8610-82303365/3080/3668

北语书店 8610-82303653

网购咨询 8610-82303908

印　　刷：北京富资园科技发展有限公司

版　　次：2015 年 9 月第 1 版　　印　　次：2023 年 9 月第10次印刷

开　　本：787 毫米 × 1092 毫米 1/16　　印　　张：11.25

字　　数：191 千字

定　　价：50.00 元

PRINTED IN CHINA

总 序

北京语言大学国际汉语教学研究基地是国家汉办首批建立的汉语国际教育十大研究基地之一，2009 年 4 月 3 日正式揭牌成立。这个基地依托于北京语言大学汉语速成学院，整合了全校汉语国际教育资源，并与海内外专家学者合作，共同研究汉语国际教育的新方法和新理念，为孔子学院建设提供教学资源。基地建设的总目标是在总结既有经验的基础上，创新教学方法，解决“汉语难学”的瓶颈问题，为不同人群、不同层次、不同要求、不同目的的学习者提供合用的教材和教学法，为海外孔子学院和孔子课堂提供相应的教学模式。基地建设的具体目标是完成“五个一”项目的建设，即一种教学模式、一套教材、一个教学资源包、一批种子教师、一个模拟国外实景教学实验中心。今年适逢北京语言大学建校 50 周年，研究基地的同事们完成了 4 部语言要素教学指导用书、3 部语言技能教学指导用书、1 部新教学法实验报告集和 1 部新汉语速成教学教材。现在这些研究成果即将付梓，为此我感到高兴。我相信这对于汉语国际教育的课堂教学来说是一种实在的贡献。

北京语言大学作为一所以对外汉语教学、汉语国际教育和推动“中华文化走出去”为主要任务的国际型大学，与海外 11 个国家的 16 所大学合作建设了 16 个孔子学院，教学规模不断扩大，教学方法不断改进，积累了许多宝贵的经验。这些宝贵的经验离不开北京语言大学 50 年的历史传承。学校自 1962 年独立建校以来已经为世界 180 多个国家和地区培养了 13 万多名懂汉语、了解中国社会和历史、熟悉中华文化的专门人才，个中甘苦不足为外人道也。2005 年，我校汉语速成学院“对外汉语短期、速成、强化教学体系建设”荣获高等教育国家级教学成果二等奖，荣获北京市高等教育优秀教学成果一等奖。在几十年的教学实践中，我们创设的对外汉语短期、速成、强化教学体系可以为“汉语国际教育”搭建教学平台，为海外孔子学院提供标准化、规范化的教学模式，并针对不同地区、不同人群的特点、不同的教学内容和不同的教学需求提供多种教学实施方案。我校承担的国家汉办项目、孔子学院主体教学模式——“长城汉语”多媒体教学系统及整套教材，已在海外 100 多所孔子学院和国内 40 多所高校和教育机构推广使用。学校拥有多个与汉语国际教育相关的高水平研究机构，对外汉语研究中心是教育部人文社会科学重点研究基地，北京语言大学出版社及其汉语教材研发中心是中国唯一一家以研发并出版汉语第二语言教学所需的各类教材及理论著作为主的专业出版机构，目前已经出版发行教材和教学工具书 3500 多种。在这样的背景下，研究汉语国际教育的教学模式、教学法和教材具有得天独厚的优势。

即将与读者见面的 4 部语言要素教学指导用书内容涵盖了语音教学、词汇教学、语法教学和汉字教学四个方面，3 部语言技能教学指导用书涵盖了综合技能教学、读写技能教学和听说技能教学三个方面。这些教学指导用书的背后是新的教学理念和教学法。即将面世的新汉语速成教材《我和你》旨在体现全球化背景下的人际交流与互动。编写组充分调研并直接针对汉语国际教育的特殊需求与特定要求，深入挖掘海外汉语教育的个性化特征以及海外孔子学院的教学特点与教材需求。一部好的教材必须经受时间的检验。教师是否喜欢、学生是否喜欢是评价一部教材是否成功的客观标准。但愿这部教材能够经受时间的考验，在使用中不断完善修订。

汉语国际教学有许多值得研究的课题，而汉语国际教学研究基地的任务是相当明确的。目前，汉语国际教学资源包的建设还没有完成，海外调研的工作任务还很艰巨。希望研究基地的各位同人再接再厉，以优异的成绩迎接汉语国际教育的明天。

崔希亮

2012 年 12 月

前　言

汉语的对外传播和教学有两千多年的历史。新中国的对外汉语教学事业肇始于1950年7月清华大学筹办的“东欧交换生中国语文专修班”，已经走过了60多年的风雨历程：创立了专门的大学，培养了大批汉语人才，发展了一批专业的汉语教师，积累了大量教学实践经验，建立了本科、硕士和博士的全系列学科体系。可以说，对外汉语教学的局面发生了翻天覆地的变化。而今天，对外汉语教学面临新的形势，出现了新的重大变化。

1. 汉语越来越热。这一点对比一下来华留学生的人数就可以清楚地看出来。1950年，来华留学生仅33名，1964年是229名，1965年猛增到3312人，2003年是8.5万，截至2010年底，全球学习汉语的外国人已达到1亿。① 也许这个统计数据有争议，但汉语越来越热应该是不争的事实。“汉语热”已经热遍全球：一方面，学习汉语的人数不断增加；另一方面，汉语的国际地位越来越高。根据2005年世界主要语言实力调查报告，汉语已经排名世界第二。学者们已经开始争论，汉语有没有可能成为通用的国际语言。

2. 对外汉语教学正在转向国际推广。早期的对外汉语教学，主要以满足来华留学生的汉语教学为主，随着中国国家实力和国际地位的提高，“汉语热”热遍全球，海外学习汉语的人越来越多。为适应这一新形势，中国的对外汉语教学开始积极推动汉语的国际推广。2004年，第一所海外孔子学院在韩国挂牌成立，截止到2013年底，全球孔子学院达到440所，分布在115个国家（地区）。目前海外约有100个国家的2500余所大学在教授中文。2005年，首届“世界汉语大会”召开，确立了在继续深入做好来华留学生教学工作的同时，把目光转向汉语国际推广的目标。这是一个具有里程碑意义的转变。②

3. 专业的汉语教师需求越来越大。2004年，国务院批准制定了《汉语桥工程》，提出八项措施推进汉语国际推广。其中第四项是“国内外汉语教师队伍建设”，希望建设一支高水平的对外汉语教师队伍，施行志愿者计划。根据《孔子学院总部/国家汉办年度报告2012》的统计，2012年共向132国派出了1.1万名

---

① 据《1亿外国人热衷学汉语》，《人民日报》（海外版）2011年11月28日第04版，记者李志伟，网络版见 http://paper.people.com.cn/rmrbhwb/html/2011-11/28/content_967578.htm。

② 参见赵金铭《从对外汉语教学到汉语国际推广》（代序），载孙德金主编《对外汉语词汇及词汇教学研究》，商务印书馆，2006年。

汉语教师和志愿者。这说明：一方面，对外汉语教师队伍越来越大；另一方面，对外汉语教师和志愿者的海外需求越来越大，专业教师存在大量缺口。

4. 汉语教师向社会人士开放。根据国家汉办的统计，目前中国获得教育部颁发的对外汉语教师资格证书的教师只有 3690 人，专业教师严重不足。为了满足海外大量的汉语教师需求，《汉语桥工程》提出了让有条件的社会职业人士通过考核进入汉语教学岗位的计划，以扩大国内外汉语教师的数量。当然前提是经过国内外的相关培训，并且通过考核。同时，汉语志愿者的选拔也不局限于对外汉语教学专业人士，开始向社会人士开放。伴随着汉语教师和志愿者向非本专业的社会人士开放，对外汉语教师培训事业也迅猛发展起来，规范的、专业的师资培训是解决教师不足这一问题的有效方法。

以上的变化对于对外汉语教学事业来说是巨大的，因应这种变化，我们专业的对外汉语教学从业者也需要做出改变，具备国际化的视野，为汉语教学的国际化贡献力量。这套书正是我们努力转型的阶段成果。而我们编写的词汇分册，是其中一个重要的组成部分。这是我们多年教学实践经验的总结和提高，现在拿出来和同人们交流。当然，如果能对对外汉语教学以及汉语国际推广，特别是师资培训起到一些帮助作用，那将是我们所希望看到的。

语言教学，可以从不同的角度进行分类或者展开研究，分技能的教学理念目前比较主流，它将语言技能分为听、说、读、写四种，在教学实践中体现为分课型的教学模式，一般分为综合课、口语课、阅读课、听力课、写作课等。不管是哪种课型，要学习的语言要素差不多都是一样的，都要教语音、教生词、教语法、教课文等，只是课型不同，处理方式不同，教学方法也不同。分要素的对外汉语教学模式也非常常见，一般分为语音教学、汉字教学、词汇教学、语法教学等。

作为词汇分册的作者，我们当然会非常强调词汇教学的重要性。因为学习语言，词汇是基础，它贯穿语言学习的始终。词汇教学的重要性是不言而喻的，我们更想说的是，词汇及词汇教学，在对外汉语教学的整个体系中并没有受到应有的重视。迄今为止，国内对外汉语教学界尚未建立起一个理想的词汇教学体系，尚未找到高效的词汇教学途径。几十年来，对外汉语教学研究一直是以语法教学研究为中心[①]。近些年，有学者提出“对外汉语教学应以词汇教学为中心”[②]，也有

① 李如龙、吴茗，《略论对外汉语词汇教学的两个原则》，《语言教学与研究》2005 年第 2 期。

② 李如龙、杨吉春，《对外汉语教学应以词汇教学为中心》，《暨南大学华文学院学报》2004 年第 4 期。

学者呼吁“强化词语教学，淡化句法教学”[1]。我们也希望词汇教学和词汇教学研究能取得更大的突破。

本书既传授知识，更侧重教授词汇教学技能。在编写这本书的时候，我们努力做到以下几点：

1. 传授知识与教授技能相结合。

目前海内外的对外汉语教学存在的一个普遍问题就是专业教师严重不足，大量的非本专业或没有受过专业训练的人士进入汉语教学领域，虽然在一定程度上弥补了空缺，不过也带来了教学质量下降的后果。规范的师资培训，科学的考核和资格认证可以解决这个问题。中国国家汉语国际推广领导小组办公室（以下简称“国家汉办”）2007 年组织研制了《国际汉语教师标准》，该标准由五个模块组成，分别为：（1）语言基本知识与技能，（2）文化与交际，（3）第二语言习得与学习策略，（4）教学方法，（5）教师综合素质。这些是一个对外汉语教师必须具备的基本素质。本书将传授知识和教授技能结合起来，书中内容既包括现代汉语词汇的基本知识，也包括词汇教学的基本理论和基本方法。通过这方面的学习，可以在语言基本知识和教学基本技能方面打下良好的基础。

2. 理论阐述和案例分析相结合。

对外汉语教学作为一门学科，由以下部分组成：（1）语言学理论和方法，即面向对外汉语教学的汉语语言学理论；（2）语言教学与学习理论和方法，如二语习得理论、偏误分析、中介语理论、教学法等；（3）跨文化交际理论。本书坚持理论阐述和案例分析相结合，既概述词汇教学的目的、内容和原则，也结合实例阐述词汇教学的基本方法、教学环节和步骤，可以直接应用于个人的汉语教学实践中。做到了“既观森林，又知树叶”。

3. 本土意识和国际视野相结合。

60 多年的对外汉语教学历史，绝大部分时间和内容都发生在对来华留学生的汉语教学上。汉语教学的大本营在国内，之前是这样，现在仍然是这样。几十年的教学实践，积累了大量先进的教学理念、教学模式、教学法和丰富的教学经验，这些经验和方法也许理论性不高，但在实践中被证明非常实用、非常有效。我们大可不必妄自菲薄，亦步亦趋地向美国学习教学理论和教学方法，我们需要适时总结、提升，将经验转化为理论，将模式和方法转化为标准，然后向海外进行模式和方法的输出与推广。

---

① 杨惠元，《强化词语教学，淡化句法教学——也谈对外汉语教学中的语法教学》，《语言教学与研究》2003 年第 1 期。

当然，目前汉语教学正在转向国际化，汉语国际教育将成为汉语教学的重要部分。因此，在扎根本土教学的同时，我们也需要具有国际视野。今天，去海外从事汉语教学，对每位对外汉语教学从业者来说都是触手可及的机会。本书专辟一节，讨论“不同环境下的汉语词汇教学”，特别是美国的对外汉语词汇教学情况。我们也欢迎更多的读者和我们交流不同环境、不同国家的汉语教学情况，进行国别化的研究。

教学是一门技术，更是一门艺术。作为技术，它有规范，有操作流程，只要按照规范和操作规程，一个环节一个环节、一个步骤一个步骤地进行，就能顺利地完成，做到教学的“形似”。这样的教学是“大家”的教学，是可以通过短期的培训、教学实习、听课、观摩和实践速成的。照葫芦画瓢并不难，难的是让瓢有生命，让教学有生命。因为教学面对的是活生生的人，千差万别，活生生的环境，千变万化，要做到因材施教、因人施教、因情施教就不是一件容易的事儿。“手中无剑，但心中有剑”是一个剑客的至高境界，而“教学有法，但教无定法”，应该是我们对外汉语教师追求的目标。

本书既适合有志于从事汉语国际教育的非本专业人士学习，也适合汉语国际教育的硕士生、博士生及新教师借鉴和提高，当然，本书也为汉语国际教育的专业教师提供了一个交流的契机，我们抛砖，旨在引玉。由于能力有限，时间仓促，错误在所难免，敬请海内外同人批评指正。

编者

目　录

第1章

词汇知识简介

第 1 节 词与词汇的定义

词和词汇是对外汉语教学中经常遇到的语言学概念，也是语言习得和语言交际的基础之一。同时，词汇教学几乎贯穿了对外汉语教学的全过程，因此，正确理解这两个概念对更好地进行对外汉语词汇教学具有重要的指导意义。

一、什么是词

一般认为，词是最小的、能独立运用的、音义结合的造句单位。也就是说，词是用来组成句子的，是语言中的“建筑材料”。词是最小的能独立运用的音义结合体，这是“词”有别于短语的地方；词是造句单位又使它有别于语素。例如:“人”“跑”“电脑”“马上”“蝴蝶”“巧克力”等等，虽然它们的音节数目不同，但都表达固定的意义，都可以用来构成句子，因此它们都是词。其中“人”“跑”是单音节词，不能再分；多音节词“蝴蝶”“巧克力”分割之后不能单独使用；“电脑”“马上”分割后虽都可以独立成词，但都不能表达原来的概念。

二、什么是语素

语素是语言中最小的音义结合体，是构词的基本结构单位。如:“民”“友”“老”等，它们既有声音形式又表达了一定的意义内容，同时又是最小的不可再分割的单位，是汉语中声音形式和意义内容的最小的结合体。

语素可以构造合成词，如“民”“友”“老”等语素可以与其他语素一起构成“人民”“公民”“朋友”“友情”“老师”“老虎”等合成词。有些也可以独立构成单纯词，如“家”“天”“高”“走”等。据统计，现代汉语中的语素总数约为5000个。

从语素的构词作用及位置等方面进行分析，语素可以分成词根语素和词缀[①]语素两大类。词根语素通常也叫词根，它具有较为实在的意义，承担了合成词的基本意义，如“火车”中的“火”“车”，“本子”中的“本”，“老师”中的“师”都是词根。词根可以与词根一起构成复合式合成词，如“车”可以和其他词根一起构成“火车”“汽车”“车厢”等等，也可以与词缀组合成附加式合成词，如“车子”。现代汉语中的语素以词根语素居多。

词缀语素是指没有实在的词汇意义，附加于词根语素表示一定的附加的词汇意义或语法意义的语素。一般来说，词缀与词根的位置相对固定，有些词缀只附加于词根之前，我们称之为“前缀”，如“阿姨”“阿哥”中的“阿”及“老师”“老虎”中的“老”。有些词缀附加于词根之后，我们称之为“后缀”，如“桌子”“本子”中的“子”，“石头”“砖头”中的“头”。汉语中的词缀以后缀居多。另外还有少数词缀是附着于词根之间的，可称之为“中缀”，如“稀里糊涂”“土里土气”中的“里”。

需要说明的是，现代汉语中典型的词缀数量很少，有些语素的性质介于词缀和词根之间：一方面，其词汇意义有了一定程度的弱化，但并未完全消失；另一方面，其在形式上又具有了一定的附着性及语法意义，与其他词根有了一定的规律性搭配。这类语素我们通常称之为“类词缀”。如“可爱”“可恨”“可怜”“可惜”中的“可”以及“作者”“读者”“记者”中的“者”等等。虽然汉语中的词缀数量不多，但它们具有较强的扩展性和规律性，对快速扩大学生的词汇量及加深词汇印象有帮助，因此，我们在教学中应该充分重视对词缀、类词缀的意义及用法的说明。

二、什么是词汇

词汇是一种语言中所有词的总汇。词汇是词的集合体，词汇与词的关系是集体与个体的关系。在表述上，我们可以说“一个词”，但是一般不能说“一个词汇”。同时，汉语中还有相当一部分成语、惯用语、歇后语、俗语、谚语以及专门用语等固定结构，它们通常结构比较稳定，意义大部分经过抽象概括，一般不

① 在汉语界，如果严格区分，词缀和类词缀是两个不同的概念，但由于类词缀是介于词缀和实词素之间的中间过渡状态，它的边界很难绝对划分清楚，因此很多著述中并不严格区分这对概念，常常以词缀统而代之。（尹海良、桑哲，《对外汉语教学中的词缀问题》，《西华师范大学学报（哲学社会科学版）》，2009 年第 1 期）

是各部分的字面意义的简单相加，它们符合语言建筑材料的特点和功能要求，因而一般也把这部分固定结构视作词汇的组成部分。

第②节 词与词汇的分类

掌握词与词汇的分类有助于正确理解汉语词汇教学的内容、原则以及不同的词汇教学方法。

一、词的分类

（一）单纯词和合成词

根据组成词的语素的数量，我们可以把词分成单纯词与合成词两大类。单纯词是只由一个语素构成的词。汉语中多数单纯词是单音节词，如“天”“好”“跑”“很”等。但也有一些多音节的单纯词，如“葡萄”“唠叨”“巧克力”等词就是由多个音节构成的单纯词，多音节单纯词主要包括联绵词[①]、某些口语词和音译外来词。因为“语素”是语言中最小的音义结合的定型结构，是构词单位，而“葡萄”“唠叨”“巧克力”再分的部分“葡”“萄”“唠”“叨”“巧”“克”“力”均不是固定的音义结合体，其再分的部分与原词无意义关系。

合成词是由两个或两个以上语素构成的词。其中，有的是“词根语素＋词根语素”构成的复合式合成词，也有“词缀语素＋词根语素”构成的附加式合成词[②]，只要由两个或更多的语素组成就是合成词。如“教室”“访问”“姐姐”“结婚”“一下子”等词就是由两个或两个以上的语素构成的合成词。

---

① 联绵词是指从古代汉语中流传下来，单个音节没有意义的双音节词。大多数联绵词的两个音节之间有双声（如“蜘蛛”“琵琶”）、叠韵（如“糊涂”“灿烂”）或叠音（如“潺潺”“隆隆”）的关系。

② 具体见“附加式合成词”。

1. 复合式

复合式合成词是由词根和词根组成的合成词，根据词根与词根之间意义关系的不同，可以分为联合、偏正、补充、支配、陈述等构成方式。下表为复合式合成词的构成方式及分类情况。

大类	小类	说明	例子	备注
复合式	联合式（也称并列式）	由两个意义相同、相近、相关或相反的词根并列构成	接受　安排 紧张　简单 朋友　左右	各部分之间是平等关系，没有主次之分
	偏正式	由前一词根修饰、限制后一词根构成	重视　预订 火热　漆黑 火车　母语	语素间有修饰、被修饰的关系
	补充式	由后一词根补充、说明前一词根构成	提高　改正 说明　扩大 人口　房间	前一语素往往表示某种行为动作，后一语素表示动作行为的结果①
	支配式（也称动宾式）	由前面表示行为动作的词根支配后面表示相关事物的词根构成	放心　毕业 及时　开心 提纲　司令	前一语素表示行为动作，后一语素表示动作行为所支配的对象
	陈述式（也称主谓式）	由后一词根对前一词根加以陈述、说明构成	地震　自杀 心疼　年轻 霜降　日食	前一语素表示被陈述对象，后一语素陈述前一词根

2. 附加式

附加式合成词是由词根和词缀构成的合成词，根据词根与词缀的位置关系可以将附加式合成词分为以下两种类型：

（1）前附加（词缀＋词根）

老：老师、老板、老虎、老鼠、老婆、老李、老人、老百姓

阿：阿姨、阿婆、阿哥、阿妹、阿飞、阿斗、阿Q、阿毛

第：第一、第二、第三、第十、第十一

初：初一、初二、初三、初五、初十

（2）后附加（词根＋后缀）

子：房子、桌子、本子、裤子、日子、胖子、孩子

儿：鸟儿、花儿、画儿、棍儿、盖儿、亮儿、个儿

① 还有些补充式合成词的前一语素表示一种事物或现象，后一语素用相关的单位或情状对前语素进行补充说明，如：人口、房间、白茫茫等。

头：石头、木头、砖头、念头、奔头、甜头、准头

巴：嘴巴、尾巴、泥巴、哑巴、干巴、紧巴、结巴

然：突然、茫然、猛然、愕然、坦然、显然、超然

化：美化、绿化、同化、简化、现代化、国际化

现代汉语中的多数词缀是由词根虚化而来的，有些词缀已经没有词汇意义或词汇意义非常模糊，其主要作用是陪衬音节，比如前缀“老”、后缀“子”“头”“巴”等。有的词缀有一定的词汇意义，比如前缀“第”表示序列，后缀“化”表示某种性质或状态。有的词缀有一定的语法意义，比如“子”“儿”“头”做后缀的词一般是名词，“化”做后缀的词一般是动词。有的词缀有一定的色彩意义，比如“～儿”一般用于较为小巧的事物，有时带有喜爱的感情，如“小孩儿”“小胖儿”“花儿”等等。

需要注意的是，同样的一个语素成分，在不同的构词情况下可能属于不同性质的语素。如“老”，在“老人”“王老”等词中，承担实际意义，属于词根语素，在“老师”“老虎”“老百姓”等词中，是词缀语素。

3. 重叠式

重叠式合成词是由相同的词根重叠构成的词。根据重叠方式的不同，主要可以分为 AA 式和 AABB 式两种：

（1）AA 式：爸爸、妈妈、叔叔、娃娃、星星、刚刚、偏偏、仅仅

（2）AABB 式：花花绿绿、家家户户、条条框框、婆婆妈妈

其中，一个词根重叠形成的双音节词的意义与重叠之前的词根的意义基本上是一致的，由两个词根重叠所构成的合成词的意义不同于两个语素的意义。比如“花花绿绿”不是“花”的意思，也不是“绿”的意思。两个词根必须重叠起来才能组成一个词，如果不重叠起来，“花绿”“家户”“条框”“婆妈”等都不是词[①]。

合成词在汉语词汇中所占比例很高，同时现代汉语中的合成词规律性较强，易于学生快速扩展词汇量，因此在汉语词汇教学中占有重要地位。

（二）实词

根据词的语法功能，即能否单独充当句子成分，可以把汉语中的词分成实词和虚词两大类。也就是说以语法功能作为汉语词类划分的主要依据。汉语缺乏形态变化，只有少数词带有类似印欧语言的“形态标志”，例如，由“子、儿、头、

① 这一点与形容词的重叠形式不同。

家、们”等词缀构成的词一般是名词，以“化”为词缀的一般是动词，但这样的词在汉语中只占很少一部分。

实词是具有比较具体实在的意义、能够单独充当句子成分的词。现代汉语的实词有以下九类：名词、动词、形容词、副词、数词、量词、代词、拟声词和叹词。下面具体说明这九类实词的分类、特征及教学中应注意的问题。

1. 名词

名词是表示人、事物、时间、处所等名称的词。语法特征上，名词通常能用数量短语修饰，一般不能受副词修饰[①]。在句子中，名词常常充当主语或宾语。名词与介词搭配时，共同组成介词短语，例如：[用筷子]吃饭、[向朋友]问好。

名词根据表达意义的不同，可以分为以下几个小类：一般名词、抽象名词、专有名词、时间名词、处所名词、方位名词等。其中一般名词又可以分为个体名词和集合名词：个体名词可以计数，前面可以受个体数量短语修饰，例如，（一本）书、（三位）老师、（十块）钱；集合名词不能计数，只能用集合量词修饰，例如，（一些）马匹、（一批）物资。

抽象名词是表示抽象概念意义的名词。例如：气氛、道德、境界、灵感、缘分等。抽象意义不好理解、不易说明，因此在对外汉语词汇教学中需要特别注意。

专有名词表示特定的人或事物的名称，一般不用量词修饰。其中表示地名、国名的专有名词后一般不直接用“里”，如“北京里”“美国里”是不正确的。

时间名词是名词中比较特殊的一类，时间名词通常不与量词搭配，有些时间名词也不受数量短语的修饰。部分时间名词可以做谓语，如“今天星期六”“现在八点”中的“星期六”“八点”都是时间名词。时间名词主要的语法功能是做句子的状语，如“他后天就要回国了”“妈妈早上就出去了”中的“后天”“早上”都是时间名词做状语。

需要注意的是，汉语中表示名词数的概念时，单复数同形，如“一个学生”和“很多学生”中的“学生”没有形态上的变化。有些指人的名词（或代词）可以用后缀“们”表示不确切的复数，如“同学们”“孩子们”“我们”“他们”等。同时，“名词＋们”结构一般不可以出现在宾语位置，如不能说“今天来的都是爱运动的同学们”，而可以说“爱运动的同学们今天都来了”。

① 少数几个副词可以加在名词前面，如“广场上光人”“床上净玩具”等，但此用法不常见。同时，近些年也出现了某些“副＋名”的用法，如“很德国”“很男人”等，但一般仅在一些特殊语境中使用。

2. 动词

动词是表示动作、行为、心理活动以及事物存在、变化、消失等的词。在语法特征上，大部分动词能够受否定副词“不”“没”修饰，除部分能愿动词及表示心理活动的动词外，其他动词一般不能受程度副词修饰，如不可以说“很走”“很学习”，但可以说“很喜欢”“很愿意”。同时，多数动词可以带“着、了、过”表示动态。有些行为动词还可以通过重叠表达短暂、尝试等意义，其中单音节动词是AA式重叠，如“看看”“找找”“试试”，双音节动词的重叠是ABAB式，如“休息休息”“复习复习”，动宾式合成词的重叠是AAB式，如“聊聊天”“见见面”。

动词根据表达意义及语法特征的不同，可以分为以下几个小类：

（1）表示动作行为的动词：拿、跑、吃、看、说、学习、休息等；

（2）表示心理活动的动词：想、喜欢、爱、恨、担心、着急等；

（3）表示存在、变化或消失的动词：有、在、开始、发生、消失等；

（4）表示判断的动词：是；

（5）表示可能、必要、意愿的动词，也称能愿动词或助动词：能、会、要、可以、愿意、应该、肯；

（6）表示趋势及方向的动词，也称趋向动词：上、下、来、去、进、出、回、上来、下去、过来；

（7）表示对人或事物的处置和对待，本身却不表示具体的动作行为意义的动词，也称形式动词：加以、给以、予以、给予、进行、作等等。

以上各小类动词中特别需要注意的是，判断动词“是”及存现动词“有”和“在”的用法特别复杂，如在“是”字句中，主语与宾语的意义关系多种多样，有时表示等于、属于，有时既表示判断也表示存在。如：

他是我们学校的校长。（表示等于）

大卫是美国人。（表示属于）

图书馆旁边是篮球场。（既表示判断也表示存在）

因此，“是”“有”和“在”的每一种用法都应作为一个语言点来讲授，同时注意它们之间的不同和差别。

能愿动词也是学生学习的一个难点和重点，不同能愿动词在意义上各有侧重，应注意加以区分。趋向动词（来、去、上、下、进、出、回、过、起）除了单独使用外，主要出现在动词后充当趋向补语，趋向补语包括以上趋向动词单独构成的简单趋向补语，也包括由趋向动词和“来”“去”复合而成的复杂趋向补语，具体见下表：

	上	下	进	出	回	过	起
来	上来	下来	进来	出来	回来	过来	起来
去	上去	下去	进去	出去	回去	过去	

3. 形容词

形容词是表示事物、人以及动作、行为的性质和状态的词。形容词的语法功能主要是做谓语或定语。大部分性质形容词可以受程度副词修饰，如“很好”“非常漂亮”。需要注意的是，汉语中形容词做谓语时，中间不用“是”连接，学习者由于受母语的干扰，常会说出“她姐姐是漂亮”这样的句子，而汉语母语者除了在表示强调的时候，一般是不这样说的。

形容词根据意义和功能的不同，可以分为性质形容词、状态形容词和区别词：

（1）性质形容词是表示事物性质或属性的词。如单音节性质形容词：好、坏、大、小、多、少、高、低、快、慢、难。双音节性质形容词：漂亮、聪明、健康、容易、认真、清楚、丰富、紧张、热情、可怜、平静等。

只有少数性质形容词可以直接修饰动词做状语，如“快看”“认真学习”。性质形容词做状语时，通常要重叠或加结构助词“地”，如“好好学习”“清楚地说明”。性质形容词前一般要加程度副词“很”，如“他的汉语水平很高”。若前边没有程度副词，则表示比较，如“他汉语水平高”就含有“别人不高”或“别人不如他高”的意思。部分性质形容词[①]还可以通过重叠表达程度加深和加强描写的意思。其中单音节为AA式重叠，如“好好”“轻轻”；双音节重叠多为AABB式，如“漂漂亮亮”“高高兴兴”。单音节和双音节性质形容词重叠后，做谓语和做定语时后面要加“的”，如“他个子高高的”“前边走过来一个漂漂亮亮的姑娘”，做状语时一般要加“地”，如“要认认真真地工作”。

（2）状态形容词是表示事物状态的形容词，基础阶段涉及的状态形容词不多。双音节状态形容词如：蔚蓝、洁白、雪白、通红、鲜红、金黄、冰凉、笔直等。三音节状态形容词，一般是形容词的一种生动表达形式，如：热腾腾、胖乎乎、亮晶晶、静悄悄、乱哄哄等。状态形容词做状语时一般也要用“地”，如：“灰溜溜地走了”“气冲冲地说”“静悄悄地坐着”。同时，状态形容词做谓语时没有比较的意思，通常前面不用程度副词，例如：“初升的太阳通红”“草原绿油油

① 据统计，并列式形容词占可重叠形容词的大部分，而主谓式、述宾式以及偏正式则一般不能重叠。

的”“饭菜热腾腾的”。双音节状态形容词也可以重叠，但重叠形式与性质形容词不同，为 ABAB 式，如“雪白雪白”“冰凉冰凉”。重叠后，做谓语和做定语时，后面要加“的”，如“她的手冰凉冰凉的”“雪白雪白的羊毛”。重叠后的双音节状态形容词一般不做状语。

（3）区别词是表示事物的特征和分类的形容词。它只能修饰名词做定语，通常不能做谓语，因此也叫非谓形容词。例如：男、女、单、双、西式、中式、慢性、急性、初级、高级、活期、长期等。由于事物的属性往往是对立的，所以区别词常常成对或成系列出现。因此在区别词的教学中，应特别注意其不能做谓语的特性以及成对出现的特性。区别词一般也没有重叠形式。

4. 副词

副词是修饰、限定动词或形容词，表示程度、时间、范围、方式、频率、肯定、否定等意义的词。副词最主要的语法功能是在句子中做状语，一般不单独使用。根据意义的不同，副词可分为以下几类：

（1）表示程度、等级等意义的程度副词，如：很、最、太、更、极、挺、非常、特别、十分、相当、更、更加、越、稍微、有点儿、还、尤其。

（2）表示疑问、猜测、强调等语气的语气副词，如：就、偏、可、却、难道、难怪、究竟、到底、反正、简直、也许、竟然、居然、当然、幸亏、大概、大约、恰恰、不妨、其实、的确、几乎、明明等。语气副词意义较为抽象，用法复杂，是教学的重点和难点。

（3）表示重复、频度的频度副词，如：再、又、也、还、一再、始终、总是、反复、重新、常常、经常、偶尔、往往、不断、再三、屡次等。频度副词作用相似，均是修饰动词，表示频率，其意义非常相近，其中的几组词特别需要注意区分其意义及用法，如“又”“再”和“还”，“常常”和“往往”等。

（4）表示时间的时间副词，如：才、就、已、已经、正、正在、将、刚、刚刚、先、曾、曾经、马上、立刻、立即、忽然、永远、始终、终于、随时等。汉语中表示时间概念的还有时间名词，二者的区别在于时间名词除了做状语以外，还可以做主语、宾语和定语，而时间副词只能做状语。此外，时间名词可以前加介词“在”，时间副词前不能加“在”，如可以说“在将来”“在过去”，不可以说“在将要”“在曾经”。

（5）表示限制、概况的范围副词，如：全、只、都、共、一共、总共、总、就、光、仅、仅仅、单单、一概、一律、一起等。范围副词中，一类是表示总括的，前指前面词语的范围，例如“这些电影都看过了”，另一类是表示限制的，后指后面词语的范围，例如“他只喜欢啤酒”。

（6）表示否定意义的否定副词，如：不、没、别、甭、未、莫、勿、没有、未必等。其中“没”和“不”是学生常常用错的一组否定副词。

（7）表示性质、状况、方式的副词，如：互相、顺便、亲自、逐渐、特地、悄悄、连忙等。与表示性质、状况的形容词相比，情状副词只能做状语，不能做定语修饰名词。如“随便”有形容词用法，可以说“很随便的人”；而“顺便”则不能修饰名词。

（8）处所副词，如：到处、随处、四处等。

整体来看，副词是个较为封闭的词类，数量不多，但用法复杂且使用频率较高，是汉语词汇教学的重点和难点。

5. 数词

数词是表示数目和次序的词。数词一般不单独使用，通常与量词组合构成数量短语再充当句子成分。汉语中的数词分为基数词和序数词两大类：

（1）基数词

基数词是表示数目多少的数词，包括系数词（零、一、二、三、四、五、六、七、八、九、十、两）和位数词（十、百、千、万、亿）。

（2）序数词

序数词是表示顺序先后的数词。最常用的序数词是由“第”加上基数词构成的，也可由“初”“头”“老”等加上基数词构成。如：第一、第五、第十、初一、初二、初八、老二、老六等。

关于数词，学生掌握起来难度较大的是大数的读法及如何表示倍数、分数、小数和概数等。另外，数词中的“二”和“两”是学生比较容易混淆的，需注意区分。

讲授大数读法时建议使用如下表格：

位数词	亿	千	百	十	万	千	百	十	（个）
例1	4	3	2	1	5	4	3	2	1
例2			5	0	0	9	0	0	1
例3	2	2	2	2	2	2	2	2	2
读法	两/二	两/二	两/二	二	两/二	两/二①	两/二	二	二

① “千”在“万”“亿”之后时，“二”更常用。

表格使用方法：

a. 例 1 用来说明数字读法的基本规则。可以先从万位开始逐一向左扩展，每次添加一个数字，依次为“十五万……”[①]、“二百一十五万……”[②]、“三千二百一十五万……”、“四亿三千二百一十五万……”，规律是万以上位数读法和万以下读法一样。四个数字一组，比较容易读，如 1234,5234，即读作“一千二百三十四万五千二百三十四”。

b. 例 2 用来说明数字中“0”的读法，“0”在数字末尾时，只读“非零数字 + 位数”；“0”在数字中间时，不管几个零，都读一个。

c. 例 3 用来说明“二”和“两”的读法[③]。

6. 量词

量词是用来表示人、事物或动作单位的词，主要包括名量词和动量词两类：

（1）名量词

名量词是表示人或事物单位的量词，常与数词或指示代词组成数量短语修饰名词，说明人或事物的数量。名量词又包括个体量词、集合量词、度量词和不定量词（些、点儿）四类。量词与名词的搭配通常是较为固定的，不可随便换用，这需要学习者熟记其搭配。有些量词修饰的名词有一定的规律性或其自身的意义特点：如“条”修饰的名词多是长条形的，如“一条裤子”“两条围巾”“三条鱼”“这条河”等；“张”修饰的名词多是可平铺的，如“一张床”“一张照片”等。说明量词通常搭配的名词的意义特点，有助于学习者理解和掌握正确的名量搭配。

在名量词的学习中，“天”“年”是学生常常出错的词语，常常出现“一个天”“一个年”这样的偏误，原因在于“天”“年”作为词，而非词素使用时，是表示时间的名量词，根据汉语“数词 + 量词”的搭配原则，“天”“年”前面出现数词、指示代词时，直接加“天”“年”。因此，应该说“一天”“三天”“一年”“五年”“那天”“那年”。

（2）动量词

动量词是表示动作单位的量词，常用在动词后表示动作的次数。常用的动量词有：次、回、趟、遍、下、顿等。其中外国人比较容易混淆的是“次”与

① 此处注意，不读作“一十五万”。

② 此处注意，不是“二百万一十五万”。

③ 关于两者区别的具体说明参见第六章。

“遍”。“次”用于一般性的反复的动作；“遍”用于从头到尾、有完整过程的动作，常用于与语言文字有关的活动，如“看了一遍”“写了一遍”等；“趟”用于一来一回的动作；“回”比“次”更具口语性；“下”表示短暂性的动作；“顿”表示与吃喝有关的动作数量。

名量词和动量词中都有一些可以重叠，表示“每一”的意思。如“个个”“件件”“年年”“次次”“回回”等，重叠后的量词可以做主语、谓语或定语。

需要注意的是，汉语学习者担心量词使用不当或临时想不出合适的量词时，会采用回避策略，不用量词，或用“个”代替其他的量词。另外，汉语的量词与名词之间不用“的”，有些学生受母语影响，会在量词与名词之间加“的”，如“三本的书”“一种的东西”，在教学中需要说明一下。

名量词和动量词与名词、动词的关系均非常密切，部分名词可以临时借用做量词，我们称之为“借用名量词”，如“一杯咖啡”中的“杯”、“一碗米饭”中的“碗”。同时，动作所需借助的工具及发出动作的人体部位也可以被临时借用做量词，如“画了一笔”“踢了两脚”“看了几眼”等。

7. 代词

代词是具有代替或指示作用的词，代词可以代替或指示名词、动词、形容词、副词、数词和量词等各类实词。根据其代替的词的不同，我们将代词分为以下三类：

（1）人称代词

人称代词包括第一人称代词“我”，复数形式“我们”“咱们”①；第二人称代词“你”，复数形式“你们”；第三人称代词“他”（男性、单数）、“他们”（男性、复数）、“她”（女性、单数）、“她们”（女性、复数）、“它”（事物、单数）、“它们”（事物、复数）。

除上述三种人称代词外，还有反身代词“自己”（口语中也说“自个儿”）、双称代词“彼此”和总称代词“大家”（口语中也说“大伙儿”）。这三种人称代词可以单独使用，也可以放在上述三类人称代词后面，如：我自己、她们自己、我们大家、你们彼此等等。

“它”在前文有明确所指时，在后文中常常省略，如我们不说“这首歌很有名，大家都会唱它”，而说“这首歌很有名，大家都会唱”。

---

① “我们”与“咱们”之间区别的具体说明，参见第六章。

“您”是第二人称代词“你”的尊称形式，但“您”的复数形式“您们”一般不用，口语中可以用“您几位”表示其复数意义。

（2）指示代词

汉语中最重要的指示代词是表近指的“这”和表远指的“那”，它们单独使用时常常做主语，多用于“是”字句。“这”“那”也常与数量名结构搭配，表示对名词的确指，如“这三本书”“那两位客人”等。值得注意的是，“这、那（指示代词）”后面一定是加数量名结构，其中数词是“一”且不强调数量的时候，“一”可以省略，但量词通常不省略，如可以说“这间教室”“那家饭店”，不说“这教室”“那饭店”。但在口语中表示强调或感叹的时候，可以用指示代词直接加名词，如“这人真有意思！”，或是“这 / 那 + 名”结构用在别的词语后，表示复指前面的事物时，有时也可以不用量词，如“毒品那东西不能碰”。

复合指示代词包括：指示处所的这儿、这里、这边、那儿、那里、那边；指示时间的这时、这会儿、那时、那会儿；指示数量的这些、那些；指示方式的这样、那样。需要注意的是，表示某人所在的处所时，应该用人称代词加处所表示，如“他那儿”“我这儿”。

（3）疑问代词

疑问代词是表示询问、设问或反问的代词，可以用来询问人、事物、时间、处所、性质、状态、方式等。汉语中的疑问代词主要包括：谁、什么、哪、哪儿、哪里、多少、怎么、怎么样、怎样。另外数词“几”、副词“多”“多么”也都可以用来询问某些信息，起到疑问代词的作用。同时，疑问代词的非疑问用法也比较常用，主要包括“任指”和“虚指”两种。

疑问代词的任指用法，是用疑问代词表示任何人或任何事物，强调所指的周遍性。其后常与“都”“也”等搭配，“也”多用于否定句。如“他什么东西也不想吃”“这件事谁都知道”“哪儿都有她的足迹”。

疑问代词的虚指用法，是用疑问代词代指不确定或不愿说明的人或事物，如“你想买什么就买吧”“我去哪儿，他就去哪儿”“没谁能明白他的想法”。另外，“什么”加“的”还可用在一个名词或几个并列名词后，表示“等等”的意思，该用法具有口语色彩，如“他喜欢吃鱼香肉丝什么的”“屋子里太乱了，袜子、鞋子、书本什么的，到处都是”。

8. 拟声词

拟声词也叫“象声词”或“摹声词”，通常是模拟自然界声音而来的。拟声词能够独立成句或充当独立成分，一般没有否定形式，也不受其他词类修饰。如：嗡嗡、咕咚、扑通、咔嚓、啪等。

9. 叹词

叹词是表示感叹或呼答，能充当句子成分或独立成句的词。从功能上看，叹词可以分为两类：一是表示高兴、悲伤、愤怒、惊讶等感情的叹词，如哈哈、嘿、哎呀、唉等；二是表示呼唤或应答的叹词，如喂、哦、嗯等。

（三）虚词

虚词所表达的意义通常较虚，它们一般不单独充当句法成分，主要表示一定的语法意义。汉语中虚词是个较为封闭的类，数量不多，但整体使用频率很高，因此，掌握汉语几百个常用虚词的意义和用法，对学好汉语来说是非常重要的。现代汉语的虚词主要有介词、连词、助词、语气词四类。

1. 介词

汉语中的介词位于名词、名词短语或代词前，引出与动作有关的原因、目的、时间、处所、方式、方法、依据、范围、对象等。介词不能单独充当句子成分，它与名词性成分一起组成介词短语做状语，修饰句中的谓词性成分。例如“跟朋友见面”“从宿舍去图书馆”“顺着这条路一直走”“为健康干杯”等等。汉语中常用的介词有：

（1）表示原因、目的的：为、为了、因、因为、由于。

（2）表示处所的：在、从、朝、打、到、向、沿着、往、于、由、自。

（3）表示时间的：从、打、当、由、于、在、自、自从。

（4）表示方式、方法、依据的：按、按照、根据、据、论、凭、通过、依、依靠、以、用、照。

（5）表示对象的：把、被、比、朝、除了、对、对于、给、跟、关于、和、将、叫、让、替、同、为、向、于、与、至于。

2. 连词

连词是用来连接词、短语、分句或句子等语言单位的词，连词本身没有修饰、限制或补充的作用，不能单独充当句子成分，也不能单独回答问题。汉语中常见的几类连词有：

（1）连接词或短语的连词：和、跟、同、与、或、及。

（2）连接分句或句子的连词，这类连词又分为如下几类：

表示联合关系的：既、而。

表示承接关系的：跟着、接着、从而、而后、然后、于是。

表示选择关系的：不然、要不、要不然、否则、不是、就是、与其、不如。

表示递进关系的：不但、不只、而且、并且、况且、从而、何况、进而、乃至、甚至、反倒、反而。

表示解说关系的：例如、比如、譬如、比方、就是、就是说、即、总之。

表示因果关系的：既然、因为、因、由于。

表示假设关系的：要是、假如、如果。

表示条件关系的：无论、不论、不管、只有、只要、一旦、除非。

表示让步关系的：虽然、尽管、即使、就是、哪怕、固然。

表示目的关系的：省得、免得。

3. 助词

汉语中的助词是指附着在词、短语或句子后，表示某种附加意义的词。汉语中各类助词功能较为不同，基础汉语学习阶段涉及的助词主要有以下几种：

（1）结构助词：的、地、得

结构助词用来表示某些附加成分和中心语之间的结构关系，“的”“地”“得”在口语中都读作“de（轻声）”，定语后面的“de”写成“的”，状语后面的“de”写成“地”，补语前面的“de”写成“得”。

（2）动态助词：着、了、过、的、来、来着

动态助词表示动作进程的状态。其中“着”表示动作正在进行或状态的持续。“了”表示动作的完成或变化的实现，此时动作的发生或性状的改变跟时间没有必然联系，所以“了”的使用不受时间限制，可以发生在过去，也可以发生在将来。“过”表示曾经发生过这样的动作或具有这样的性状。“的”用在动词和宾语之间，带有肯定和判断的意思，表示动作行为已经发生。“来”和“来着”用在句尾，表示曾经发生过什么或事情发生在不久之前。

汉语中的助词数量虽少，但用法复杂多样，几乎每一个助词都有着多种功能和作用。在教学中，应该结合学生实际水平，有针对性地进行讲练。同时，由于助词本身并无实在意义，多承担的是语法意义，因此助词的教学应该更多地结合其语法功能在合适的语法结构和典型的使用情景中进行。

4. 语气词

汉语中的语气词一般用于句尾（有时也用于句中），是表示陈述、疑问、祈

使、感叹等语气或停顿的词。根据语气词出现的位置，我们可以把它们分为句中语气词和句末语气词：

（1）句中语气词：啊、吧、了、呢、么

句中语气词多表示停顿，也有列举、假设或引起注意等作用。如：

篮球啊、排球啊、乒乓球啊，我都喜欢。（表列举）

等考完试啊，咱们好好休息休息。（表假设）

（2）句末语气词

句末语气词通常表达陈述、疑问、祈使和感叹等语气。句末语气词中最常用的是"吗"（表疑问语气）、"呢"（表陈述、疑问语气）、"吧"（表陈述、疑问、祈使语气）、"啊"（表感叹、陈述、疑问、祈使语气）、"的"（用在陈述句句尾，加强肯定语气或表示事情已经发生）、"了"（用在陈述句句尾，表示动作、变化已经实现或即将出现）等。

其他一些语气词，有的使用得比较少，有的由于连用而产生连读音变，例如"啦"是"了"与"啊"的合音，"哪"是"呢"与"啊"的合音。

语气词是汉语学习者很难掌握的一个词类，是基础阶段汉语学习的难点之一，在基础阶段，学习者掌握在表达上必须使用的语气词即可，表达较为复杂、抽象语气的语气词，学习者只能在中高级阶段的学习中逐渐掌握。

二、词汇的分类

语言中所有的词的总和就是词的总汇，词汇可以分为基本词汇和一般词汇两大类。明确词汇的分类有助于理解汉语词汇教学的内容及原则。

（一）基本词汇

语言中表示最必需、最重要的事物、概念、性质、关系、行为等的词为基本词，基本词的总汇即基本词汇。基本词汇是一种语言中最重要的、最核心的、不可或缺的组成部分，它和语法规则一起构成了一种语言的基础。无论是孩童习得母语，还是成人学习第二语言，基本词汇都是首先接触到的、必须掌握的词汇。例如：

表示人称及指代关系的：你、我、他、这、那、谁等。

表示亲属及人际关系的：爸爸、妈妈、兄弟、姐姐、儿子、朋友等。

表示数量及时间的：一、二、十、百、千、万、个、斤、点、天、星期等。

表示方向及位置的：前、后、上、下、左、右、东、西、南、北等。

表示常见事物、概念及现象的：水、房子、书、车、病、风、狗、春天等。

表示基本动作行为的：走、坐、说、看、开、上班、学习、工作、旅行等。

表示事物基本性质的：好、大、小、高、低、冷、热、厚、薄、长、短等。

（二）一般词汇

除了基本词汇以外的词的总汇称为一般词汇。和基本词汇比起来，一般词汇使用的范围窄得多，使用的频率也比较低，在稳定性及构词能力等方面也比基本词汇弱得多，但任何语言也都离不开一般词汇。因为它一方面能够较为敏感及时地反映社会的变化和发展；另一方面，相对于基本词汇来看，一般词汇具有更为丰富的内容和表现方式。因此，要想更好地掌握和运用语言，说明复杂的事物，表达细致的感情，仅掌握基本词汇远远不够，还必须认真学习和掌握好一种语言中的一般词汇。现代汉语的一般词汇包括：新词、古语词、方言词、外来词、行业语及隐语等。初、中等级别的汉语教学中较少涉及一般词汇。

（三）熟语

在语言中起相当于词的作用的固定结构——熟语，其结构稳定，意义完整，且在语言中也通常充当造句单位，因此，一般也可以将其看作词汇的一部分。汉语中主要的熟语类型有：

1. 成语

成语是人们长期沿用的、具有固定结构和完整意义且一般带有较强书面语色彩的固定短语。从形式上来看，大多数成语是四字格结构，一般不能随意改变语素或顺序。从意义上来说，大多数成语的意义是字面意义的引申义和比喻义，内涵丰富，信息量很大。因此，成语的用法、引申义及比喻义是特别需要向学生讲清楚的。汉语中的成语多数源于古代寓言神话、历史故事及诗文典籍，例如：刻舟求剑、守株待兔、滥竽充数、一鼓作气等。也有部分口头流传下来的，如：狼子野心、能工巧匠等。除了源于古代的成语外，也有一些成语是当代创造的，其中多数来自汉语本体，例如全心全意、万家灯火、百花齐放等，均是新近创造的成语，还有少数来自佛教文化或其他外来文化，例如：三位一体、火中取栗、以牙还牙等。

在成语教学中需要注意的是，成语由于其固定短语的性质，在教材中一般不标注词性，因此在教授外国人成语时，除了讲清楚意义以外，还应该告诉学生成语的性质、用法，包括其在句子中一般充当什么成分以及使用的背景等。比如说，如果学生只知道成语“小心翼翼”的意思是很小心，“莫名其妙”的意思是很不明白，那么学生就可能产生如下错误：“路上车多，你一定开车得小心翼翼”“我常常莫名其妙朋友的话”。因此，必须注意成语的用法和功能，引导学生正确理解和使用成语。上例中，成语“小心翼翼”用来形容行动十分小心，在句中多做状语，有时也做谓语和定语，而例句中误将“小心翼翼”用作补语。成语“莫名其妙”中的“其妙”是名词性词素，相当于“莫名其妙”中的“莫名”已经带有宾语，因此其后不能再带其他表示人、事或物的宾语了。

另外，汉语中存在着很多结构性、系列性很强的成语，如“一……一……”可构成“一生一世”“一心一意”“一举一动”“一言一行”“一点一滴”“一丝一毫”等成语。再如“千……万……”可构成“千言万语”“千辛万苦”“千挑万选”“千差万别”等成语。这些系列性的成语可以根据学生情况尽量成系列地教授。

2. 惯用语

惯用语的结构较为固定，意义多是其字面意义的引申或比喻义，也是一种具有固定结构形式和完整意义内容的固定短语。惯用语与成语的差别一是形式上，成语多为四字格，而最常见的惯用语是三字格。同时，有些惯用语可以拆开，加入其他成分，例如，“打下手”可以说“给他打两回下手”，“炒鱿鱼”可以说“炒了下属的鱿鱼”，而成语是不能拆分的。

3. 歇后语

歇后语是一种由前后两部分构成的带有谜语性质的固定语句。例如：孔夫子搬家——尽是书（输），飞机上挂水瓶——高水平（瓶），肉包子打狗——有去无回，猪八戒照镜子——里外不是人。从形式上看，歇后语分为两部分，前一部分的内容实际上只是真正意义的比喻或引申，后一部分内容才是要表达的真正意义。例如“肉包子打狗——有去无回”的真正意义是“有去无回”，就好像“用肉包子打狗”一样。歇后语的前后两部分均具有和词一样的语法作用，如我们可以说“那笔钱肉包子打狗了”，也可以说“那笔钱有去无回了”，意义是一样的。从表达上看，歇后语带有玩笑和调节气氛、增添语言趣味性的色彩和作用。掌握若干常用歇后语，对语言学习者来说，可以为学习增添趣味性。

4. 谚语

谚语也叫俗语，是一种口头流传的、具有特定意义内容和固定结构形式的句子。从结构形式上看，谚语长短不一，但大多是固定的句子，多数为单句，如“久病床前无孝子”“好马不吃回头草”，也有的是复句形式，如“要得小儿安，三分饥与寒”。从意义上看，谚语多是人们的经验之谈，体现一定的民俗及思想，是人们“以理服人”的重要依据。

总之，词汇是词及固定短语的集合，是语言的建筑材料，汉语词汇丰富多彩，有独特的造词方式、构词方式及历史传承，并且随着时代的发展不断地发展演变，因此，我们应充分重视汉语词汇的自身特点，发掘其内在规律及发展动因，从而科学有效地进行汉语词汇教学。

第 3 节　词义

一、词义的性质

词义是词所表达的意义内容，如“跳”的意义就是“腿部用力，使身体突然离开所在的地方”，“书”的意义就是“装订成册的著作”。词义具有概括性、客观性（也有主观性）和民族性（也有地域性）。

首先，词义是对某一类对象的反映，因此词义都是从一类对象中抽象出共同的特征。如“书”，世界上有各种不同种类的书，它们的形状、用途、年代等可能存在很多差异，但是“书”的词义从中提取出共同的本质特征：“装订成册的著作”。正是因为如此，词义才能指称其意义范围内的每一个存有差别的个体。概括性是语言中所有词的意义的共同特点。

其次，词义是对客观世界中的事物、现象及关系等的反映，所以客观存在是词义产生的基础，例如，客观世界中各种“书”的存在是“书”这个词及其意义产生的基础。但词义是人对世界的概括，因此也存在主观想象的成分，比如人们对虚幻事物超越现实的概括和反映。同时在词语的具体使用中，也会存在各种各样的个体性差异，如“语言”一词的意义，普通人和语言学家对其的理解可能会因为背景知识的不同而不同。

再者，词义也具有民族性和地域性，由于不同民族有着不同的文化和习俗，因此其对客观世界和主观世界进行概括的词义必然存在着差异。这种差异表现在很多方面，如“龙”是汉民族认为的神一样的动物，有尊贵、吉祥的含义，在中国古代龙是皇帝的象征，而在英语中，“dragon”是一种可怕、凶猛的爬行动物，用来指人则带有贬义。对于汉语学习者来说，只有正确理解了“龙”的民族性含义，才能准确高效地理解和掌握“望子成龙”“龙凤呈祥”等词语。再如汉语中“妈妈的兄弟”“爸爸的弟弟”和“爸爸的哥哥”是用不同的词语表示的，即“舅舅”“叔叔”和“伯伯”，而在英语中却是用同一个词“uncle”来表示。需要说明的是，汉语的复杂称谓和中国文化中的长幼有序、亲疏有别以及重男轻女等传统观念有一定关系。然而，即使是在同一个国家、同一种语言区，不同地域也会由于不同的地理、气候条件和风土人情而形成对同一个词的意义的不同理解，如中国北方人对“雪”和“冰”的理解与南方人对二者的理解就存在着一定的差别，北方人对“雪”和“冰”有明确的区分，而“雪”和“冰”在南方人眼中则是基本等同的，可以换用，如“冰棍”在南方也叫作“雪条”。

二、词义的内容

一般认为，词义的内容包括词汇意义、色彩意义、语法意义三个大部分。其中词汇意义是指词所表示的主、客观世界中的事物、现象及其关系，即与概念相对应的部分，也称概念意义。词汇意义的功能是明确“词”在世界中的所指，因此必须使其与其他事物，特别是相近的事物、现象等区别开来，如“书”的词汇意义就必须与“报纸”等其他词义区分开来，词的词汇意义是近义词区分的基础。

此外，词义还包括色彩意义，即词所带有的某种感情倾向或情调，色彩意义是概括反映客观对象的次要属性而形成的，所以也叫作词的附属意义。但这并不意味着词的色彩意义不重要，因为这部分意义在词的解释中不很突出，很多词典的解释没有关于色彩意义的说明，因此在词汇教学中，更需要向学生做适当的说明。

对外汉语词汇教学中需要注意的词的色彩意义主要有词的感情色彩意义和语体色彩意义，即人们常说的褒义、贬义、中性及书面语色彩、口语色彩等。具有明显褒贬感情色彩的词语通常能够表达较为丰富的情感，也多具有较深的文化内涵或社会内涵，是汉语学习者学习和运用汉语时较难掌握的，也是学习者比较容易出现偏误的地方，如果没有关于词汇色彩意义的说明，学生很可能就不会明白为什么“我企图学好汉语”“努力学习的后果一定是有好成绩”这样的句子是不正确的。再如，“白吃”和“免费吃”两者的感情色彩也不尽相同，在学习“白”这个词时，如果只注意词的基本意义（即词汇意义）而不了解其感情意义包含“贬义、不应该”的倾向的话，则可能出现“结账以后，我们又白吃了一盘水果”这样的错误句子。人们通常认为近义词是在词汇意义、色彩意义方面存在差异，但语法意义相同的词，因此近义词的辨析多从词汇意义、色彩意义两个角度进行。一般可以分为以下两种情况：第一，词汇意义相同、色彩意义不同的，重点区别其色彩意义，如“老头子”和“老头儿”，词汇意义相同，感情色彩有厌恶和喜爱之分，“企图”和“试图”，词汇意义相同，感情色彩有贬义和中性的区别；第二，词汇意义相近，色彩意义相同或不同者，主要着眼于词汇意义，色彩意义不同者也考虑色彩意义，其中，词汇意义的辨析应从词义范围大小、词义重点、词义轻重程度及搭配对象等角度进行，如从搭配的角度看，“肥”和“胖”均是“脂肪多”的意思，但前者一般与动物搭配，后者一般与人搭配。近义词辨析是为了在不同的语境中更准确、恰切地选择、使用词语，提高语言的使用水平。

三、义项、单义词、多义词

一个词往往有几个意义，每一个意义就是一个义项，在词典中表现为一个条目。其中只有一个意义的词，叫作单义词，如“已经”一词的意义是：表示动作、变化完成或达到某种程度。有多个意义且意义之间有联系的词，我们称之为多义词。如“跑”就是个多义词，有六个不同但又相互联系的意义，分别是：①“两只脚或四条腿迅速前进”；②“逃走”；③〈方〉“走”；④“为某种事务而奔走”；⑤“物体离开了应该在的位置”；⑥“液体因挥发而损耗”。

需要注意的是，词典中的义项有时是词义，有时是语素义，如“手”在词典中共有七个义项，其中第一个义项是“人体上肢前端能拿东西的部分”，还有一个义项是“擅长某种技能的人或做某种事的人”，而表示后一个意义的“手”在现代汉语中通常不单独使用，而是构成“选手”“能手”等合成词。

多义词的词语教学中，通常一次只要求掌握一个义项，但随着学生词汇量的不断丰富和扩大，可以适时地对一个词的不同意义进行一下归纳和总结。如：“打”在初级阶段我们可能学过“打电话”“打车”“打篮球”的“打”，中级阶段可能知道了“打字”“打包”“打工”“打折”的“打”，高级阶段则会接触到“打退堂鼓”“打马虎眼”“打官腔”等很多俗语中的“打”的用法，在不同阶段的学习过程中，老师可以在学生有了一定积累的时候，总结一下适合该阶段学生水平的“打”的不同义项的用法和搭配情况。

语素义的教学应该结合合成词来进行，从而更好地帮助学生进行语言交际。例如学习“服装”一词时，可以向学生说明从语素义上来看“服＝装”，如“西装＝西服”。同时“装”还可以构成“男装”“女装”“时装”等其他合成词，如果时间允许，还可以进一步扩展到“童装”“工装”“孕妇装”等词语。在利用语素进行词汇扩充练习时，可以结合猜词、短语扩展等方法一并进行。

四、义素与义素分析

义素是构成词义的最小意义单位，即词义的区别性特征。它是对词义进行分解得到的更低一级的语义单位。在语言中，它不单独使用，无法被直接观察到，属于语义的微观层次。如分解“姐姐”的词义，我们可以得到如下义素：[亲属][同胞][年长][女性]。如果某些词含有共同的义素，那么它们就形成了语义场。如“父亲”“母亲”“儿子”“女儿”都含有“亲属”义素，从而形成“亲属语义场”；“握”“扔”“拧”都包含“手的动作”义素，从而形成“手部动作语义场”；“自信”“自负”“自卑”“自爱”都含有“对自我的认识”的义素，从而形成了“自我认识语义场”。同属一个语义场的各个词语因为有着共同的义素而彼此连接在一起，同时又因为不同义素的存在而有所区别。义素及义素分析法是系统展示词义的重要途径，可以让我们更清楚地了解词义，尤其是近义词之间的差别，能够帮助学生建立良好的词汇学习模式。

依据共同义素的不同特点，语义场相应地分为不同的类别，包括近义义场（如“父亲、爸爸”构成一个近义义场）、反义义场（如“生、死”“好、坏”分别构成一个反义义场）、分类义场（如“红、黄、蓝、白、黑”等色彩词构成了关于色彩的分类义场）、关系义场（如“老师、学生”构成一个教学关系语义场）等。其中近义义场尤其要注意词语意义及用法的差别，我们将在下文详细介绍。对反义义场、分类义场及关系义场的总结和概括有助于学生迅速积累词语，扩大词汇量，并系统掌握词语的用法。

义素分析法在对外汉语词汇教学中有着很重要的作用，它可以帮助我们精辟地解释词义，并在此基础上把握词语的用法。如我们通过对“千万”和“一定”的义素分析，就可以发现其词义的不同：千万 [+ 叮嘱，+ 避免不希望的情况发生]，一定 [+ 强调]。由此可见，当一般性地强调某事时，我们可以用“一定”，而只有当强调要“避免不希望的情况发生”时，我们才用“千万”。再如“参观”和“访问”是学生容易混淆的一组动词，通过义素分析，我们可以发现并说明：参观 [+ 到别处，+ 四处，+ 看，– 交谈]，访问 [+ 到别处，+ 四处，+ 看，+ 交谈]。因此，在使用中，要特别注意其意义和用法上的差别。

第 ④ 节　几类需要注意的词

汉语词汇教学中特别需要注意的有以下几类词：

一、兼类词

兼类词是具有两种或两种以上词性的词。词的兼类现象以名词、动词和形容词之间的兼类居多。初级阶段常见的兼类词主要有以下几种：

动词兼名词：变化、病、打算、代表、翻译、感冒、工作、关系、广播、活动、计划、教育、决定、开始、练习、领导、派、认识、生活、说明、通知、希望、习惯、影响、运动、组织；

形容词兼名词：错、自由、困难、科学、花、便宜、圆；

动词兼形容词：低、饿、方便、丰富、负责、高兴、挤、客气、亮、暖和、破、少；

动词兼介词：比、朝、对、通过、在。

从事对外汉语教学的教师应该具有兼类词意识，讲授兼类词时，要根据词的特点和学生的水平，在着重讲练本课出现的用法的同时，适当兼顾该词所具有的其他常用的词性，比如，课文中的“感冒”是作为名词使用的，句子是“你得的是感冒”，但“感冒”一词的动词性也很常用，应该向学生说明“我感冒了”等动词性的用法。但若是动词兼介词、动词兼副词（如“好像”），则应该区分不同词性来单独讲授。因为每种词性的用法都比较复杂，一股脑儿地教给学生容易使学生产生混乱。如果某一词性在现代社会生活中很少用，或难度较大，应考虑最好不要涉及，如“破”有形容词和动词两种词性，但动词“破”是“破除”义，很少用，再如“认识”的名词义，生活中使用频率较低，也不适宜在基础阶段学习。

同时，我们还需要了解的是，“兼类词”不同于“同音词”，兼类词的不同词性之间的意义应该有一定的联系，而汉语中的同音词只是语音相同，词汇意义可能几乎不相关。比如，“花钱”的“花”和“开花”的“花”意义不甚相关，应作为同音词对待。

二、离合词

离合词是汉语词汇教学中一个非常重要的部分，汉语中的离合词是介于词和短语之间的一种词语形式，它们“合”时明显是词，“离”时形式上近似短语，分开的两部分中一部分是词，一部分可能是词或语素，即词间可以插入其他成分，如：“游泳”可以说“游了一天泳”，“睡觉”可以说“睡了一大觉”，等等。离合词，尤其是动宾离合词是汉语学习的一个难点，其中有两方面原因，一是教材及词典中对离合词的翻译多只是释义，不说明结构和用法，如“见面”的英译为“meet”，学生就认为“meet friends”的汉语说法是“见面朋友”，再如“睡觉”的英译是“sleep”，学生就认为“sleep two hours”用汉语表达就是“睡觉了两个小时”，等等。第二个原因是老师课上的说明不够，或只是对某个离合词的某个用法进行了说明，但未告知学生原因及其他类似的词还有哪些。同时，在实际教学中我们也发现，学生习得离合词的困难还表现为学生实际上明白规则，了解正确用法，可是还是会出现“无意识地”随口说错、但想想就会清楚地意识到错误的情况，这说明离合词的教学需要反复强化记忆，不断巩固学习成果。

学生掌握离合词主要的难点是在“离”的用法上，有该“离”未离或“离”得不当两种情况，比如前文所述的“睡觉了两个小时”以及“妈妈生气我”“我要请客他”“我们照相了很多”“他今天跑了步一个小时”“我们聊天了聊天”等。其中，学生经常出现的离合词使用偏误的一个典型例子就是“我要见面朋友”。所以，应该强调离合词的时态表示法及其带宾语、补语等成分时的用法，以及哪些情况必须“离”、怎样“离”的问题。当离合词表示的动作涉及人的时候，一般需要用离合词“离”的形式，在离合词中的“宾”前可以插入“你的”“我的”等修饰限定成分来表示与动作有关的对象。如前例中的“妈妈生气我”应为“妈妈生我的气”，再如“他帮了我的忙”。但有些离合词需要用介词把涉及的对象引出，放在离合词的前面，如“我要见面朋友”应为“我要跟朋友见面”。诸如此类的搭配还有“跟/和……结婚/离婚/聊天/跳舞/散步/游泳”“为……担心”“向……道歉 / 发火 / 招手”“从……毕业”等。

当离合词要表达动作持续的时间长短、动作的数量、结果或可能性时，其用法与普通动宾词组的用法相同，即补语成分应放在离合词的两个可以离析的成分中间，如“照相了很多”应为“照了很多相”，而“跑了步一个小时”则应为“跑了一个小时步”，这时也可以用重复动词的方式表达，即“跑步跑了一个小时”。

由于离合词的离合形式多样，语素间密切程度不同，词间可以插入的成分也不尽相同，无法概括统一的用法规则。如“帮忙”的“帮”与“忙”之间可以插入代词“帮我忙”，也可以插入数量词“帮个忙”“帮一下忙”“帮一会儿忙”，插入形容词“帮大忙”，插入助词“帮了忙”“帮过忙”等等。但是“见面”不能说“见大面”，“结婚”不能说“结一会儿婚”。因此，在实际汉语教学中，我们不能把所有的离合词放在一起一股脑儿地传授给学生，而是应该将每个离合词作为一个教学点传授给学生，重点突出离合词不能直接带宾语以及带补语时补语的位置等问题。同时，离合词的教学也应紧密结合语法教学，通常离合词后接“着、了、过”时，应将动态助词放在离合词中的动词性成分后。

初级阶段常用的离合词有：见面、跑步、跳舞、考试、照相、请假、生气、结婚、睡觉、游泳、上课、洗澡、看病、理发、劳驾、帮忙、出席、动身、留神、放心、担心、道歉、毕业、干杯、聊天、抓紧、达到、起来等。

三、同译词

“同译词”是存在于第二语言教学和学习中的一种特殊的语言现象。所谓“同译词”现象，指的是两种语言的词语对译时，甲语言中的一词可译成乙语言中相同的两个或两个以上的词。例如：汉语的动词“提”与“抬”，在表达“使物体向上移动”这一意义时，对应着同一个英译词“carry”；“遮”“盖”“罩”在表达“使物体不显露”这一意义时，对应着同一个英译词“cover”；亲属称谓名词“哥哥”“弟弟”的英译均为“brothcr”，“姐姐”“妹妹”均为“sister”；等等。以上各组词均可称为“同译词”。（苏英霞，2000）

“同译词”的概念与“同义词”有一定的差异，汉语在英语中的同译词如：经验—经历（experience）、短—矮（short）、如果—是否（if）、或者—还是（or）、小心—照顾（care）、接近—亲密（close）、参观—访问（visit）、认识—知道（know）、人生—命（life）、东西—事情（thing）、硬的—困难的（hard）、觉得—考虑（think）、联系—接触—碰（touch）等。在汉语中，以上各组词大多算不上是同义词，可“操有关语言的学生有可能用错”，因此有必要加以辨析。以上所举例子可能跨基础、中级和高级等不同阶段，基础阶段的级别虽然最低，但该阶段的同译词同样可能影响学生对词语的掌握和使用，如某学生曾问老师“箱子”和“盒子”有什么区别，究其原因是其母语中这两个词的翻译是完全一样的。再如，汉语中的能愿动词“会”和“能”在英语中都翻译为“can”，也是学生混淆这两个词用法的原因之一。

从语言单位上考虑，同译词未必都是“词”同“词”的对应，也可能是“词”和“词组”或“词”和“语素”之间存在同译关系。比如，“有趣”和“有意思”在英语中都翻译成“interesting”，而“有趣”是词，“有意思”则是词组。

同译词一般需要分语种进行比较，不熟悉某种语言的话不容易意识到哪些词是同译词，在对单一母语背景的学生进行教学且教师对该语言有一定了解的情况下，教师应关注同译词并有针对性地进行辨析。有些汉语词，如“有点儿”和“一点儿”，在很多语言中都对应着同一个译词，英语中都是“a little”，日语中

都是“少しです”，韩语中都是“조금”，因此基本上绝大多数的学生都会出现混淆“有点儿”和“一点儿”的情况。“食堂”与“饭馆”、“继续”与“一直”是韩国学生容易混淆的，因为其在韩语中是同译词，其他语言背景的学生不易混淆。“慢”和“久”在蒙古语里是同译词，都是“udaan”，也是其他语言背景的学生不容易用错的。而“是否”与“如果”是英语背景的学生容易混淆的，因为在英语中两者是同译词。

四、难译词

从广义上讲，同译词也可以算作难译词的一种，但两者的着重点不同。“同译”是指汉语中不同的词在目标语中对应的译词相同，以致可能会造成对其意义及用法理解的困难；“难译”是不好翻译，即使翻译出来，翻译结果本身仍然可能让目标语言使用者不好理解，觉得“云里雾里”。难译词通常包括：第一，有中国民俗心理、文化特点及社会和历史根基的历史词、古语词、文化语词等，如县官、红娘、面子等；第二，在对方语言中找不到对应意义的词，常常是表示抽象意义的词，如缘分、姿态、境界、命运、派头、名堂等；第三，随着社会发展而出现的新生词或特色词，如下海、小康、春运、大锅饭、半边天等。

“难译”不是不能译，只是翻译的结果可能会比较复杂，目标语言者仅看翻译可能很难理解其确切含义及用法，如“春运”一词的英文翻译是“(passenger) transport during the Spring Festival”，仅看翻译结果，不可能知道“春运”的具体时间、原因、运输方式、流动方向等，因为“春运”一词承载了历史、文化、社会生活等许多方面的意义。

五、易混淆词

从汉语学习者的角度来看，由于同义、同译、发音相近或相似、词形相近或相似等而容易使学习者产生理解和表达错误的词语，均可以概括为“易混淆词”。张博（2007）提出，“易混淆词”与“同义词”“近义词”存在交叉关系，“同义词”“近义词”是站在语言本体的立场、着眼于词语的意义并根据其相同相近的程度归纳出来的词语类聚，“易混淆词”则是站在中介语的立场、着眼于目的语理解和使用中的词语混淆现象并根据混淆的普遍程度归纳出来的词语类聚。对外汉语教学中的易混淆词语辨析不宜固守“同义”“近义”这类汉语本体研究提供的标尺，应当转换视角，针对汉语学习者的不同背景和语言基础，更有针对性地进行。

易混淆词有一对一、一对多和多对多等不同的关系类型。比如，“可惜”只经常与“遗憾”混淆，属一对一混淆，“厉害”则常与“大”“重”“恶劣”“严厉”等词混淆，属一对多混淆，“认识”“了解”“知道”“明白”“懂得（懂）”等词交相混淆，属多对多混淆。（张博，2008）易混淆词不仅体现为口头表达和写作中的词语混用，还体现为阅读和听辨中的词语误解。口头表达和写作中的易混淆词是指学习者普遍混用的词对或词聚，包括当用词和误用词两方，应当用甲的情况下常常误用了乙，甲和乙就是一对易混淆词。阅读和听辨中的易混淆词是指由某词与学习者予以另解或另认的词构成的词对，即本来是甲词，常被误解或误认为乙词，甲和乙就是一对易混淆词。例如，据钱旭菁（2005）研究，被试将“每当回忆起童年那段往事”中的“往事”理解为“故事”，再如，外国学生常将“日前”认作“目前”，将“统一”(如“课本由学校统一买”）听成“同意”，类似的词对也是易混淆词。根据影响学习者词语混用和误用的不同因素，可把汉语学习过程中的易混淆词分为以下几种：

（一）理性意义基本相同的词，也就是狭义的近义词。例如“解释—说明”“粗心—马虎”“诞辰—生日”等。

（二）有相同语素的词。在汉语中，大量复合词因含有相同的语素，在意义和书写形式上都有相同之处，最容易发生混淆。例如“通信—寄信”“一会儿—一下（儿）”。

（三）语音相同或相近的词。例如“第—弟”“厉害—利害”。

（四）字形相近的词。例如“提示 揭示”“大—太”等。

（五）母语中的一词多义词对应的汉语词。例如，英语的“live”是一个多义词，有两个常用义:(1)（在某处）住，居住;(2)（以某种方式）生活，过日子。

（六）母语中的汉字词与对应的汉语词。如日本学生常将“经验”用如“经历”。

（七）方言词与对应的普通话词。例如，有客家方言背景的印尼学生在当用“吃”“穿”“找”时，会误用成“食”“着”“寻”。

使用层面的易混淆词是显性的，而理解层面的易混淆词是隐性的。以往对易混淆词的研究大多局限于使用层面，这是很不够的。从数量上来说，理解层面的词语混淆现象更多更普遍。由于学习者在听话和阅读时接收的词语的数量总是大于应用型（或曰积极型）词汇的数量，为了理解说话人和文本的意思，学习者必须对生词的意义进行猜测，这必然会使听话和阅读理解时发生词义误解或词语误认的概率升高；而学习者在语言表达中能够调动的词汇有限，加之经常使用回避策略，不少在听和读的过程中误解误认的词语就没能暴露或很少暴露出来。

初级阶段词汇教学应特别注意造成学生对混淆词混淆的具体原因，有针对性地进行指导和练习。

六、能愿动词

汉语中的能愿动词是个较为封闭的词类，其意义较为抽象，用法较为复杂，是学生不易习得和掌握的。能愿动词从意义上可分为两类：一类是表示能力或意愿的，即“能、会、想、要、愿意、肯”等；一类是表示可能、必要或许可的，即“可能、可以、应该、能、能够、得（děi）”等。其中几组能愿动词之间意义上的差别非常细微，可能在同样的位置均可使用，需要仔细分辨[①]。

总体上来看，能愿动词需要注意以下三个方面：

第一，多数能愿动词有几种意义和用法，且多数不仅是能愿动词，本身也还具有动词义，学生需要掌握每个能愿动词的每个不同意义及其不同的用法。

第二，能愿动词的否定形式不都是“不／没＋能愿动词”，而可能是用另外的能愿动词表示其否定义，如“可以”的否定形式常常用“不能”，“得（děi）”的否定形式是“不用”“不要”，“要”（表示意愿）的否定形式是“不想”，“要”（表示需要）的否定形式是“不用”。

第三，关于能愿动词，学生还有一个较常出现的错误，就是该用能愿动词而未用，如“他有时间的话，他（会）帮你”“只有认真才（能）学好汉语”“我妈妈来北京了，我（得、应该、要）陪她”。因此在教授能愿动词时，一定要向学生说明必须要用能愿动词的语境有哪些，如表示根据主观的想法或客观的规律而做出判断、估计或猜测时要用“会”，表示具备某种能力、达到某种要求或具备某种条件时要用“能”，而表示有必要做某事时要用“应该、该、得”等。

① “能”“会”和“可以”，“想”“要”和“得”的辨析详见第六章。

对外汉语词汇教学概述

第2章

第1节 词汇教学的目的

词汇教学在对外汉语教学中有着举足轻重的作用。总体来说，汉语教学的目的就是培养学生的语言交际能力，而词汇是语言材料，是语言交际中必不可缺的“素材”，因此对外汉语词汇教学的目的就是培养学生用汉语词汇进行语言交际的能力，使学生高效地习得汉语词汇。

人们通常认为词汇习得的标准包括：第一，认识并理解词语，而不是猜测；第二，能够依据情境，自然而适当地使用词语。由此我们概括出汉语词汇教学的目的就是理解词义并掌握用法，既能在“听”和“读”（即语言输入）方面理解词语，也能在“说”和“写”（即语言输出）方面恰当地使用词语。

第2节 词汇教学的内容

谈到词汇教学内容，我们应该注意两个问题，一是教什么词，二是教词时要教授哪些内容。

首先，我们需要明确教什么词的问题。汉语中词语数量非常之多，《现代汉语词典》（第六版）收词约六万九千个。大多数的汉语教材中每课出现的生词数目一般也不少于20个，有的甚至在40个左右。如果一课时50分钟，且每个生词都展开说明和讲练，大概一堂课都讲不完。因此，我们必须明确哪些词是需要教的，哪些词是学生可以自学（即通过看翻译就会用）的。对于有必要详细讲解的重点词，必须花足够的时间和精力让学生掌握它们的具体意义和用法。通常来说，虚词、能愿动词、离合词及上文提到的易混淆词都应该在重点讲解的词语之列。同时，动词、形容词在句子中常常充当中心词的角色，对“遣词造句”来说意义更为关键，其使用频率也比较高，而且许多动词、形容词有其变化形式，搭配的成分也比较多。对学生来说，如果不正确、全面地掌握动词、形容词的意义及用法，将对准确的表达产生很大的影响。因此动词和形容词也是汉语词汇学习中的重点词。

从目前已有的研究成果来看，我们可以参照的资料有《汉语水平词汇与汉字等级大纲》《常用汉语1500高频词表》① 等。但制定的词表多是基于某段时间的语料库进行词频统计的结果，不可避免地带有时代性，汉语词汇是一个开放的系统，我们还必须结合时代的发展，适时地补充新近产生且与日常生活密切相关的词语，如“手机”“短信”“上网”“黄金周”等。

其次是关于教词时要教授词的哪些方面内容的问题，如前文所述，语言学习的目的决定了词汇学习的目的是顺利地完成交际任务、实现交际目的。而要达到这一目的，需要学习者对词的意义和用法有准确的了解和把握，这就决定了词汇教学必然包括词义和用法的说明与练习。这其中词义是基础，用法是关键，词义的正确理解保证交际中信息接收方（通常是听、读的一方）正确理解对方的意思，而正确的用法则保证交际中信息发出方（通常是说、写的一方）正确表达信息。

对于一个词，要讲解的内容是多方面的，有时要讲它的语法功能、语义搭配、语用色彩，有时还要讲它的适用对象等等。具体而言，词义部分需要说明的除了词汇意义以外，色彩意义如词义的褒贬，是否有口语色彩或书面语色彩，同义词、反义词有哪些等等，也可以适当地进行说明。词的用法包括各种搭配，如汉语中比较固定的名量搭配、动宾搭配及其他常用的搭配等等，另外也包括某个词适用的句式和语境等。其中一条重要原则就是一定要把决定一个词语使用的关键的方面教给学生，同时要有“防患于未然”的意识，即把学生在词语使用中很可能出现问题的地方告诉学生。比如说，如果学生对“亲自”的语义搭配理解不够的话，就会出现“我亲自帮老师叫他”这样的错误，其原因是不知道“亲

① 据《中国语言生活状况报告（2006）》，国家语言资源监测与研究中心编，商务印书馆，2007年8月第1版。

自”一般用于地位、身份较高的人，常有表示尊重的意思。再如，“拥有”和“具有”用法的差别主要体现在与其搭配的宾语上，与“拥有”组合的事物多为具体的人口、土地、财产等，与“具有”组合的多是抽象的事物，如“具有鲜明的特色”“具有很高的艺术价值”。如果没有关于词语搭配的知识，学生就会将两者用混，产生错误的句子。

需要注意的是，解释说明词义的时候，一定要避免照搬词典释义，特别是非学习型词典如《现代汉语词典》等，这些词典的释义多是针对汉语母语者的，如果只按“看”在词典中的释义将其解释为“视线接触事物”，学生根本无法理解，而教师只要用手指指眼睛，做一个看的动作，学生则会马上明白。

第③节 词汇教学的原则

汉语词汇系统的特点、汉语教学的规律和特点及语言学习的目的决定了汉语词汇教学的以下六项原则：

一、交际性原则

交际性是语言的基本属性之一，学生学习汉语的目的也是用汉语进行交际。词汇学习对实现这一目的起着至关重要的作用，陆俭明（2000）曾指出：“词汇教学，应属于（对外汉语教学的）重点教学内容，特别是初级阶段；一个外国学生要学好汉语，重要的是掌握大量的词汇，要有足够的词汇量，因此词汇教学应该是个重点，可惜现在大家对它的重视程度很不够。”

由于语言的基本属性是其交际性，这就决定了汉语词汇教学要以词语运用为中心，要尽量使学生在语言交际中理解词语的意义，并且能够在交际中练习正确地使用词语。

交际性原则首先体现在例句的选择上，应尽量选择具有实用性和交际性的例句。如在学习“厕所”一词时，以“请问，厕所在哪儿？”作为例句比“这是一间厕所”更为实用，更具有现实的交际意义。

其次，要铺垫好词语可能出现的语境，语境可以帮助学生加深对词语的意义及典型搭配的理解。许多教师在实际教学中也发现，在语境中学习词语的效果要比在无语境的条件下好，一定要多给学生典型的例句。比如，在学习“苹果、香蕉、西瓜、橘子”等水果类名词时，老师可以用道具创设买卖水果的交际环境，把要学习的词语放在“我买苹果”“他买香蕉”以及“橘子不甜”等有交际意义的句子中进行操练。

二、区别性原则

从词语本身的难度与教学内容的需要来看，哪些词需要讲，哪些词需要重点讲，教师应区别对待。从词性角度看，如“书”“电脑”“你”“我”“他”“一”“十”等具体名词、人称代词、数词比较直观，比较容易理解，同时在实际生活中也常遇到，相对来说容易习得。但常常作为句子中心词的动词、形容词相对来说就要难一些，副词、介词、能愿动词则更难习得，需要有进一步的课堂讲练。而不同词性的词也需要区别对待，如名词主要讲与其搭配的量词，动词主要讲动宾搭配（离合词则需更多搭配），副词主要是讲其不同的意义及用法等等。如讲名词“椅子”时，应注意介绍与之搭配的量词为“把”；讲动词“穿”的时候要讲明其宾语多是“衣服、裤子、鞋”等服装类词语，而“戴”主要搭配的是“帽子、围巾、手套、手表、眼镜、项链”等配饰类词语。

三、针对性原则

除以上原则之外，还应注意词语教学的针对性，即教学应针对学生的不同特点，包括职业特点、年龄特点、性格特点、文化背景等等。

针对性原则首先体现在词语教学的内容要具有针对性，即选择哪些词语，补充哪些词语要针对学生不同的学习目标和学习需求，根据学生的身份、水平及学习目标等来确定词语讲练的重点、深度、讲练的方法等。比如来华留学生中有各种年龄段的学生，也有公司职员，针对公司班学生的词汇教学，我们就应该适时地补充一些在工作中可能会用到的相关词语，如“企业、员工、名片、客户、销售、利润、资金、管理”等。在国外的各类汉语教学机构中，面对的教学对象可能比较复杂，如孔子学院面对的学习对象有学生，也有社区老人、孩子、家庭主妇等，其词汇教学方式、教学内容、教学重点应有所不同，如直接用词语造句的讲练方法，在对成人教学时我们一般尽量回避使用，但对小孩子就比较适用。

四、层级性原则

不同的词语与日常生活及人类思维的关系的密切程度不同，使得词语的使用频度不同，由此决定了我们要把众多的词语分层次地教给学生。因此，不同的学习阶段对词语学习有着不同的要求。在词汇学习的基础阶段，我们应该主要教授能够满足最起码的生活需求的词语，以及最典型、最常用的各类实词，比如，“教室”“什么”“哪儿”“走”“学习”等。在汉语学习的基础阶段，学生最需要的是能够听懂和说出，能够满足最基本的交际需求，同时解决生活中的各种实际问题。因此，该阶段的词汇教学应尽量贴近学生的日常生活，应侧重于训练学生通过汉语表达（主要是口头表达）解决实际生活中遇到的基本问题的能力，从而使学生的日常交际能力能够得到较快的提高。据研究，基础阶段应该掌握的词汇量为3000常用词。

基础阶段以后，学生的学习目标随之提高，学习内容也不再局限于日常生活，此时的词语教学应适当侧重于输入性词语，即学生通过读和听两种输入性渠道，可能接触到的各类非专业性信息内容中较常遇到的词语。如中级阶段学生应该在继续提高日常交际能力的同时，逐步提高话题讨论的能力，即能够就家庭生活、健康、人际关系、各类爱好及各类常见的社会问题（如就业、交通、环境等）发表自己的观点。同时，该阶段的学生已经具备了一定的词汇量基础，随着词汇的积累和语言水平的提高，中级阶段每课包含的生词数量可以适当体现出渐进式的增长。就词汇内容来讲，应兼顾话题需要和词汇大纲，在该阶段总体的超纲词语应控制在30%以下。中级阶段学生的目标词汇量是5000词左右。

高级阶段学生学习的重点应逐渐偏向于对抽象内容及部分专业领域内容的理解和表达，如政治、文化、艺术、历史、科学等，该阶段将更多地接触超纲词、带有一定专业色彩的词语及各类固定语（包括成语、俗语、歇后语等）。从学习者角度来看，应着重培养根据复合词的构词语素猜词的能力、根据语篇语境猜词的能力。同时，应引导学生用更为地道的词语表达其思想。

五、生成性原则

汉语词汇教学的生成性原则体现在以下三个方面：意义的生成性、结构的生成性及词语造句时的生成性。意义的生成性体现在注重语素在词汇教学中的作用，充分利用语素的构词作用。如“电”“同”“迷”可以生成如下系列词语：

电：电视、电话、电灯、电脑、电梯、电影……

同：同学、同事、同伴、同屋、同桌、同乡……

迷：球迷、影迷、歌迷……

语素的生成性规律有助于学生扩大词汇量，从而达到事半功倍的学习效果。陈贤纯（1999）认为：“我们的教学从总体上来说仍然处于误区，教学效率比较低，主要是词汇量问题没有解决，所以交际能力上不去。”因此，我们非常有必要充分利用汉语中语素的生成性，更加高效地扩充学生的词汇量。

词语结构与句子结构相类似是汉语的一个特点，汉语中的合成词均是由语素通过一定的结构关系组合而成的，结构关系在构词与造句上的一致性给词义理解、短语理解和句子理解带来了一定的便利。我们在教学中也可以充分利用这一结构关系扩充生词，比如学到“电子”，可以扩充“电子书”“电子表”“电子眼”。再进一步从词语结构上来看，“电子书”是名词修饰名词的偏正式三字词，同样结构的词语还有很多较为常见的，如：电视机、沙发床、笔记本、牛仔裤、机器人、面包车、图书馆、太阳镜、人民币等等。由此，可以加深学生对一些较为固定的词语的理解，从而减轻记忆负担。通过结构将较为熟悉的语素重新组合，学生的大脑中可以生成更多新词语。

从根本上来说，词汇的作用在于参与构造句子从而实现交际目的。词和词通过句法关系，加上语气语调便生成了“活灵活现”的句子，因此在学习词语的时候，应充分利用词语生成句子的性质，在句子中操练词语。例如学了动词“看”，便可引导学生生成“看电影”“看书”等常用动宾搭配，再进一步生成“昨天我看电影了”“他常看书”等陈述句，“我们一起看电影吧”“咱们看看书吧”等祈使句，以及“你喜欢看电影吗？”“他常看书吗？”等疑问句。如此，可以完成由词语生成句子的跨越，也尽量让学生熟悉了词语的实际使用环境和交际作用。

六、全面性原则

胡明扬（1997）指出：“语言说到底是由词语组合而成的，语音是词语的具体读音的综合，语法是词语的具体的用法的概括，离开了词语也就没有语言可言。如果掌握了词语的具体读音和具体用法，即使不学语音和语法也可以，母语的获得经历的就是这样一个过程。相反，如果只掌握语音和语法知识，而不掌握具体词语的读音和用法，那么还说不上已经掌握了这种语言，往往会一说就错，一用就错。”这段论述充分说明了第二语言词语学习的重要性，同时，学习词语时，必须要全面掌握词语的具体读音和具体用法。说到底，这也是由词的性质决定的，汉语中的词是音义结合体，同时有汉字这一书面记录方式，对于第二语言学习者来说，习得一个词的过程就是全面掌握其读音、意义、用法和书写形式等多方面内容的过程。在讲练、复习等环节中，根据不同的教学目的及需要，可能对词语的形、音、义及用法有不同的侧重，总体来看，虽然词语教学以意义和用法为主，但其他方面也不可忽视。如，学生写这样一个句子——“今天我真辛运”，把“幸运”写成了“辛运”，由于对词形及词的发音掌握得不准确，很可能使他人觉得不知所云。词语教学中的领读、认读等均是对词语读音方面的展示与强化，而词语听写或词语扩展等练习则可以检查及反复加强学生对词形的认知和掌握程度。

再者，词汇教学在解释词义时也不能不结合词语的句法功能及组合能力，否则就不是完整而系统的词汇教学。汉语中的某些动词或动词短语要求前面有介词短语做状语，如“对……感兴趣”“跟……商量”“为……干杯”“以……为主”等，还有那些在词汇教学中占很重要位置的关联词语，这些词语都需要结合句法功能全面讲解其具体搭配和用法。

第④节 不同环境下的汉语词汇教学

近年来，随着中国经济文化水平的逐步提升，世界各国出现了学习汉语的热潮。根据国家汉办官方网站的统计数字，泰国学习汉语的人数到2010年已经达到66万，而且中文课在很多中小学里成为必修课。在欧洲，德国和法国学习汉语的人数都已经超过了三万。在美国，大部分大学也已经开设了中文课程，甚至有些大学的校方原本并没有开设中文课的打算，也应学生的要求增设了这一语言课，例如美国东部的Franklin & Marshall College，就是在学生的强烈要求下，于2008年首次开设中文部的。此外，中文课也已经进入很多国家的中小学课堂。说了多年的“汉语热”，如今可谓名副其实了。

在这种背景下，海外中文教学即将进入繁荣的蓬勃发展阶段。非目的语环境下的中文课堂教学，跟目的语环境下的汉语课堂教学，两者之间在语言环境、课时数量、教学方法与教学模式等各方面，都存在着一定的差别。此外，各个国家的汉语教学观念和教学方法也有所不同。这一节将以美国大学中文语言教学①为例，探讨一下不同环境下汉语词汇教学的共性与个性特征。

一、不同环境下词汇教学模式对比

（一）不同环境下词汇教学在课堂教学中的地位、作用与教学要求

在中国内地的传统汉语课堂教学中，词汇教学是一个重要的环节。在一次相对完整的课堂教学中，复习环节之后的新课内容，往往就是从生词环节开始的。教师通过生词教学这一环节，首先可以示范发音、帮助学习者练习并纠正发音，展示词语形、音、义三者之间的联系。其次，可以讲解词语的用法，包括词性、词语之间的固定搭配，可以通过词语扩展出的短语或句子来展示词语在句子中的位置和用法，以及与之意义相近的词语之间的异同等。此外，还可以通过例句展示和帮助学习者练习的方式，带出课文中的重要句子，或通过问答形式来帮助学习者记住并掌握词语，以及该词语的各类用法。普遍的观点认为：词汇教学向下可以延伸到语素，使学习者掌握基本的语素构词规律，此外还可结合生词的

① 已开设中文课程的美国大学中，有的大学设置了中文专业，有的并未设中文专业，而是开设了一些汉语语言或中国文化课程。与汉语或中国文化相关的课程一般可以简单分为两类：一类为汉语语言课程，授课内容以语言为主；另一类为与中文相关的专业课程，例如现代汉语报刊阅读、中国古典文学、中国现当代文学、中国电影等课程。这些课程或者用汉语授课，或者用英语授课。本文介绍的是第一类，汉语语言课程，多数大学分为（一年级）初级中文课、（二年级）中级中文课、（三年级）高级中文课。这也是大部分外派汉办教师所要面临的主要教学任务。

朗读与书写练习进行汉语语音和汉字的教学；向上则可延伸至词组、固定搭配和小句，之后方可进一步到达完整句式的教学。正因为如此，国内的众多学者都曾强调过词汇教学的重要性。胡明扬（1997）认为“语言说到底是由词语组合而成的，语音是词语的具体读音的综合，语法是词语的具体的用法的概括，离开了词语也就没有语言可言”。而杨惠元（2003）则主张“大词法小句法，强化词语教学，淡化句法教学[①]”。也就是说，在国内目的语环境下的汉语课堂教学中，词汇教学是语言要素教学的基础和根本，而绝不仅仅是为了进行课文讲练和进行自由表达而存在的一个从属环节。

海外中文教学的课堂教学时间有限，不可能像国内的汉语教学，每周可以有20个小时左右的汉语课，有些强化课程甚至于达到每周30个小时。在部分国家，例如泰国的一些中小学，中文课的课时数可以达到每周10个小时，这在海外中文教学中算是比较高的了。在美国，大部分大学的中文课一般为4学分到6学分不等，这就意味着，中文课在各大学每个星期的上课时间一般不会超过6个小时。因此，美国大部分大学的中文项目在课程设置和要求上，都会格外强调课前对生词的预习环节。在教学大纲和每周的教学安排上，会要求学生在上课之前通过教师提供给学生的各类资料和资源进行预习。而在实际的课堂教学中，往往并没有一个清楚明了的“词汇教学”的环节，更不会“讲生词”。用法复杂的重点难点生词的讲练，例如介词、副词等词语的用法，会以语法讲练的形式在课堂教学中出现。大部分与生词有关的练习，一般会融合在语法讲练、课文练习、语段表达以及自由会话等其他教学环节中。把生词含在各种句式和语法的练习里，含在课文内容的问答中，含在语段表达和自由会话的运用之中，可以达到在情景中学习、在运用中学习的目的。在这种教学模式中，词汇依然是课堂教学的基础，只是在课程设置里，被安排到上课之前进行而已。这种语言教学模式对学生的要求相对比较高，需要有较强的学习动机和自觉性。如果学生课前没有预习或是没有认真预习的话，到了课上很可能会像鸭子听雷一样，对老师和同学的话感到不知所云，严重影响到语法、课文等其他环节的教学。也正因为如此，教学大纲中也会格外强调，要求学生在课前必须完成各种跟预习有关系的功课。有些大学甚至明确规定，为了确保50～75分钟的中文课顺利进行，学生需要在课外花费的时间不得少于两个小时，这样才有可能在中文课上取得良好的成绩。

---

① 杨惠元,《强化词语教学，淡化句法教学——也谈对外汉语教学中的语法教学》,《语言教学与研究》2003年第1期。

（二）不同环境下词汇教学的具体步骤

中国内地对外汉语课堂教学模式已经非常成熟并程式化了，以北京语言大学初级阶段综合课教学为例，教学内容主要包括词汇、语法、课文、综合练习等几个方面。姜丽萍（2008）在《对外汉语教学论》一书中，对初级阶段词汇教学的具体步骤进行了总结。基本步骤如下：

课前预习 → 课上听写或教师板书 → 朗读 → 认读→ 讲练 → 小结。

这种课堂教学的设计，可以通过生词教学进行汉字教学和发音练习，还可以在讲练过程中通过短语和小句的扩展，带入重点句式的操练，同时可以完成课文中长句、难句的熟练表达，为课文讲解和语段表达奠定基础。因此，词汇教学上承语音、汉字和语素的教学，下启句式操练和段落表达的环节，是从语素扩展到语篇表达的一个重要步骤。在 100 分钟（两课时）的课堂教学中，词汇教学一般要占用 20 分钟左右的时间，而在实际教学中，往往会大于这个比重。（具体步骤详见第四章第二、三节内容）

对于课堂教学时间较少的海外中文项目，如一些美国大学的中文部，在设计课程和教学大纲时，往往会把生词环节（听、读、认、写等）提到上课之前，作为预习环节出现——以计分功课的形式，由学生自己完成。教师在课外可以提供给学生的中文资料和技术支持十分丰富，例如网上的生词录音和课文录音、语言实验室里的中文练习软件（发音软件、汉字软件、语法练习软件、汉字输入软件等等），一些大学还会为学习语言的学生安排教学助理，帮助他们学习。同时，教师也会准备各种在课前完成的作业，比如，生词汉字练习单、通过填空等练习来熟悉课文内容的预习单、提前布置的课上听写内容等等，以此引导学生在课前对生词进行有效的听、读、认、写的预习，以帮助他们达到预习目的。此外，课前还会要求学生听课文录音，完成与课文内容相关的作业等，以帮助学生在具体的上下文语境中了解生词的意义和用法。通过以上种种方法，帮助并促进学生自己完成生词的预习，使得他们在课堂上能够听懂生词，认读生词，了解生词的意义，明白生词在课文中的基本用法，会说课文中使用生词的句子，明白课文的基本意义等。

在课前生词预习阶段，教师应该做些什么呢？首先是要提前准备好各种预习和学习材料，协助语言实验室、中文辅导等为学生提供各种预习、练习的资源。其次，还要及时并有效地检验学生的预习情况。学生对生词的预习情况可以通过汉字（生词）单和课文预习单的检查、课上的听写小考以及学生的课堂表现情况等来掌握。任课教师会依据教学大纲的要求，对上述项目分别记录分数，作为学生期末最终成绩的一个部分，因此学生也会格外重视课前预习这个环节。此外，教师还要为学生提供课外时间来回答在预习中出现的各种问题，帮助其完成这些功课。总之，这种突出“预习”和“自我学习”的课程设置，不但可以有效地提高课堂教学效率，而且有助于学生养成良好的预习和学习习惯。

当然，这种严格要求课前预习的课程设置对教学对象的要求相对较高，比较适用于成年人的中文教学，特别是实行学分制的大学教育。而对于非学分制的社会业余中文学习，以及面向中小学学生的中文教学，则要求过高了。是以，假如课堂教学时间允许，而且教学要求不像大学里的学分制那么严格的话，海外中文课堂教学也可采用国内中文教学的方式，设置词汇教学环节。事实上，汉语词汇教学不但具有实用性，而且很多讲练的方法都具有比较强的交际性、多样性、趣味性，可以有效调节、活跃课堂气氛，增强学生的学习兴趣。

二、不同环境下词汇教学方法对比

（一）目的语环境下的词汇教学方法

在词汇教学中，需要教师进行词语的讲解和练习。词语意义的展示与讲解是学习者掌握词义和用法的基础。尽管生词表里对词义有翻译，但是一则这些翻译未必能够精准地反映词语的含义，二则词语的引申义、色彩义、隐喻义等意义，以及词语的语法意义、近义词语的辨析等也很难通过翻译体现出来，所以这些都需要教师进行讲解。词语意义的展示与讲解方法主要有直接演示法、翻译法、特殊定义法、示例法、分解法、图解法、联系法、比较法、情景法等。（详见第三章第一节内容）

根据精讲多练的原则，“讲”生词的比重不宜过多，主要是通过各种方法来帮助学生记住生词的各种含义和用法，从而使学生能够在自然的语境中准确而恰当地使用生词。练习生词的方法也比较多样化，比较直观的操练方式，有指物说词或听词指物、根据动作猜词或听词做动作、看卡片说意思或看卡片认读生词，通过联想的方式，有说出同义词或反义词、说出带有同一语素的词语等，此外还有比较传统的扩展法、情景法、词语替换法、完成句子、造句、互动交际法等，另外还有用所给多个生词编故事、做对话的练习方法。在操练过程中，多体现由简单到复杂，从生词到短语再到句子的原则。（详见第三章第二、三节内容）

（二）非目的语环境下的词汇教学方法

近些年来，以结构主义为基础的认知学习理论在欧美教学界一直处于主导地位。结构主义源自于儿童心理认知发展的理论，认为由于个体的认知发展与学习过程密切相关，因此利用结构主义可以较好地说明人类学习过程的认知规律，也就能够较好地说明学习如何发生、意义如何建构、概念如何形成，以及理想的学习环境应该包含哪些主要因素等等。结构主义教学模式强调，在整个教学过程中要以学生为中心，教师起组织者、指导者、帮助者和促进者的作用，利用情景、协作、会话等学习环境要素，充分发展学习者的主动性、积极性和首创精神，最终达到使学习者有效实现所学习知识的意义建构的目的。这种教学认为，最好的教学方法，就是让学习者在现实世界的真实环境中去感受、去体验，即通过获取直接经验来学习，而不是仅仅聆听他人（例如教师）关于这种经验的介绍和讲解。在这种教学理论的引导下，情景法、交际法和任务式教学法逐渐在欧美语言课堂教学中占据了主导地位。

海外中文教学，以美国大学中文教学为例，由于课上的时间有限，而且要在课堂上体现“交际性”的原则，教师很少会在课堂上“讲解”生词。对于学生自己看翻译就可以明白的生词，在课上会忽略不讲，而只会在句式和课文等有情景的语境下加以练习；对于有特殊含义和特别用法的词语，则会在操练语法、串讲课文时，作为句式结构进行讲解和练习，在课文这一整体语境下帮助学生深入了解重点生词在实际交际中的具体意义和用法。练习的主要方式是简单说明表达的含义，以及句式的意思，然后以句式结构为主，在凸显交际功能的问答中，让学生领会并掌握生词的具体用法，在一个个模拟真实的情景中熟悉并内化一个个含有固定结构的句子，而不是一个一个的孤立的生词。

（三）不同环境下词汇教学的共性特征——词汇教学的交际化与情景化

如前所述，生词讲练环节在海内外中文课堂教学中的处理方式有所不同：国内对外汉语教学通常会在课堂上有一个清晰的“生词环节”，采用让学生听写展示生词、教师领读生词、纠正学生发音、讲解操练重点生词、小结等方式讲解练习生词；而海外中文教学往往把这一环节的多数步骤放到课前，由学生自己完成，而课上只会在句式和课文操练等环节中以带出生词的方式进行综合练习。

至于重点词语的讲解和操练方法，海内外中文教学逐渐取得一致的看法，即要在情景中讲练，通过交际的方式讲练，在模拟真实语境的运用中、在任务中掌握用法，加以练习。目前无论是在国内对外汉语教学界还是在海外中文教学领域，都普遍认为：教师在语言课堂上应该传达具体的、有意义的、真实准确的信息，而不是抽象的、无意义的、只为练习句式结构而随意虚拟的信息（例如：今天北京比上海热）；应该突出真实的交际过程，而不仅仅是给出一个个毫无关联的例句；应该在语境设置时利用师生之间的共享信息提高教学效率，而不是费尽口舌说明一个情景而最终忘记设置该情景的目的是什么；应该针对教学对象的认知能力和情感因素，提供有适当挑战性的练习方式，激发学生的学习动机，而不是提供低于学生认知能力的小儿科信息或问题，导致学生失去学习的兴趣（吕玉兰，2008）。下面我们对比看一下，针对同一教学内容的不同教案中，哪一份更能够体现情景化、交际化、任务化的原则。

案例一

生　　词：大手大脚 & 精打细算

课文内容：I 你花钱是大手大脚还是精打细算？

II 我过得也挺舒服的，只不过不大手大脚罢了。

教案 A：

大手大脚：（释义）花钱或使用东西没有节制、不珍惜。

（扩展）大手大脚地花钱、大手大脚地浪费、大手大脚地过日子

（给例句，要学生重复）：你不能总是这样大手大脚地过日子。

（给例句，要学生重复）：这些纸是花钱买的，不能这么大手大脚地浪费。

精打细算：（释义）（在使用人力、物力上）仔细地计算。

（给例句，要学生重复）：精打细算是当家理财的好传统。

（给例句，要学生重复）：负责财务的工作人员应该学会精打细算。

教案 B：

大手大脚 & 精打细算：

（教师提问）花钱很随便的说法是什么？（学生答：大手大脚）

花钱很仔细很节省的说法是什么？（学生答：精打细算）

（教师提问，学生重复问题，学生回答）年轻人花钱是大手大脚还是精打细算？

（参考答案）年轻人花钱都是大手大脚，很少精打细算。

（教师提问）老年人花钱是大手大脚还是精打细算？
你父母是大手大脚地过日子还是精打细算地过日子？
你的钱是自己赚的还是父母给的？
父母给的钱，你会不会大手大脚地浪费？
（教师提问）你花钱是大手大脚还是精打细算？（**呼应Ⅰ**）
（学生重复问题，学生回答）我花钱是……
（教师提问）你喜欢大手大脚的人还是精打细算的人？
精打细算是不是舍不得花钱？
只不过什么罢了？
（参考答案）精打细算并不是舍不得花钱，只不过不大手大脚罢了。（**呼应Ⅱ**）

点评：在A、B两个教案设计中，都对“大手大脚”和“精打细算”的语义和用法进行了讲解和练习。教案A使用了词典上的意义说明，展示了三个可以跟“大手大脚”搭配的动词——花钱、浪费、过日子，然后给出四个相关例句让学生重复，加以理解。在教案B中：首先运用了对学生来说比较容易的词语来介绍含义，引导学生自己说出正确的词语；然后利用“年轻人”和“老年人”这两个简单的情景，加深学生对生词含义的印象；接着通过有针对性的问题，自然地设置情景“你的钱是自己赚的还是父母给的”，然后把常用搭配动词融入到问题之中，让学生在重复问题的过程中自然而然地使用了生词的各种用法——“大手大脚地过日子”“大手大脚地浪费”；最后把问题引向课文中的句子，引导学生自然地说出课文中的目标语。从教案A与教案B所给的例句来看，B中例句与学生的实际生活更为接近，也更有可能在实际生活中直接用到，而A所给例句则只起到例句的作用，学生很难记住并直接运用到日常生活中去。两相比较，教案B更能够体现交际化与情景化的原则。

案例二

生　　词：属于

课文内容：我们夫妇都在大公司工作，收入比较高，属于高薪阶层。

教案A：

属于：（释义）归某一方面或为某一方面所有。
（词语扩展）属于你、属于你们、属于高薪阶层
（给例句，要学生重复）：他属于那种快人快语的人。

（给例句，要学生重复）：世界是属于你们的。

在大公司工作的人属于高薪阶层。

教案 B：

属于：

（展示结构）A属于B＝A 为B所有，A是B的一部分（B可以是大的抽象事物）

（教师提问）青岛属于哪个省？杭州属于哪个省？

（说明）学生们都去过青岛了，已经知道青岛属于山东省；

——共享信息

这个学期要去杭州，先问问大家是否知道杭州属于哪个省？

——认知挑战性信息

（教师提问）速成学院属于哪个大学？（北京语言大学）

——共享信息

（教师提问，学生重复问题并回答）在你们国家医生（公司白领、公务员）属于高薪阶层吗？

——从学生知道的词语到可能不了解但与课文内容相关的词语

（教师提问）你觉得这些人为什么属于高薪阶层？

（目标语）因为他们收入比较高，所以属于高薪阶层。

（教师引导）收入比较高的人，属于高薪阶层。

待遇好的人属于高薪阶层。

（教师提问）公司白领在哪儿工作？他们为什么属于高薪阶层？

（目标语）公司白领在大公司工作，他们收入比较高，所以属于高薪阶层。

——呼应课文内容

＜总结提醒＞①必须带宾语，②不能带“了、着、过”等动态助词，

③不能用于“把”字句。

点评： 教案 A 给出了词语的解释，根据生词给学生展示了词语搭配和扩展，此外提供了两个例句，最后把例句引向课文中的句子，起到了一定的讲解和练习的作用。教案 B 根据课文内容提供了主要结构“A 属于 B”，然后利用学生与老师的共享信息（青岛、速成学院）对结构加以说明和练习，清楚说明了 A 和 B 之间的含义关系，即 B 的范畴要大于 A；再利用学生可能不了解的新信息组织练习；然后将具体含义的“属于”导向抽象含义——属于高薪阶层；最后通过精心设计的问答，设置情景，引出课文目标句。

案例三

生　　词：幸亏

课文内容：今天又堵车了！幸亏我出来得早，不然准得迟到。

教案 A：

（展示结构）

发生了不好的情况。幸亏 + 避免出现不好结果的条件，不然 + 不好的结果。

（根据结构设置情景，引导学生完成句子）

我的钱包丢了。幸亏……，不然准得……。

（参考答案）我的钱包丢了，幸亏我把钱放到口袋里了，不然准得心疼。

我的钱包丢了，幸亏我把钱都花光了，不然准得心疼。

（根据结构设置情景，引导学生完成句子）

我用电脑工作的时候突然停电了，幸亏……，不然……。

（参考答案）我用电脑工作的时候突然停电了，幸亏我刚刚存盘了，不然准得白做。

我用电脑工作的时候突然停电了，幸亏有备用电池，不然准得白做。

（根据结构设置情景，引导学生完成句子）

今天堵车了，幸亏……，不然……。

（参考答案）今天堵车了，幸亏我出来得早，不然准得迟到。

教案 B：

（展示结构）

发生了不好的情况。幸亏____，不然 / 否则 / 要不然____。

（设置情景）以前中文互联网有什么令人头疼的问题？现在为什么没有了？

——共享信息

（参考答案）以前中文互联网简体字和繁体字的转换问题令人头疼。

现在幸亏有了中文软件，不然简体字和繁体字的转换问题会非常麻烦。

（设置情景）现在不会英文的人可以上网吗？为什么？　**——共享信息**

（参考答案）幸亏有了中文网页，不然不会英文的人就无法上网了。

（设置情景）如果不打工，经济条件差的学生能上大学吗？

（参考答案）幸亏可以打工，不然经济条件差的学生就不能上大学了。

（设置情景）你出去买东西忘了带钱，幸亏看见了谁，不然你就买不了东西了？

（参考答案）我出去买东西忘了带钱，幸亏看见了老师，不然我就买不了东西了。

点评：教案A、B都通过设置情景的方法来说明“幸亏”的含义，并加以操练。区别在于，教案B的情景控制得更强，只需要学生补足“幸亏”之后的情景即可，所以利于操练。而教案A的情景有两个部分需要学生补足，对于水平较高的学生来说，自由发挥的余地较大，但是对水平一般的学生来说，则难度较大。因此，同样是设置情景的方法，针对不同的教学对象，会有不同的操作方式。假如综合一下，先采用教案B，再采用教案A，效果应该会更好。

根据上述案例，我们可以做出以下总结：第一，对于通过翻译就能够理解的生词，不需要进行额外的词义解释说明，但是对于词义复杂、结构复杂的生词，需要为学生提供精练的结构句式，并尽量采用已经学过的词语来介绍含义；第二，所给的例子要尽量接近学生的日常生活，以便给其留下深刻印象，并将例句直接运用到生活中去；第三，问答的操练形式，更具有交际性，所以教师在进行操练和情景设置时，要精心设计问题，尽量把相关结构和生词都设计到问题中去；第四，操练时，含有生词典型结构的问题，可以让学生多加重复，一问一答，这样做一方面可以达到帮助学生理解并熟练掌握生词和相关典型结构的目的，另一方面也给水平较低的学生留下思考的余地；第五，重点生词操练的最后要尽量呼应课文中的句式，这样有利于进一步操练课文，也有利于将生词直接运用到自由表达之中；最后，也可以在大规模操练之后，采用归纳法的方式，引导学生通过例句自己总结出句式的含义。

三、美国大学中文课堂教学模式简介与启示

（一）美国大学中文课堂教学模式简介

美国的语言课堂教学法自上世纪80年代以来，一直采用沟通式教学法（communicative approach），又称交际法。所谓交际，并非只是两个人之间一来一回地交谈，而是需要通过沟通达到某种交际的目的。根据Savignon（1997）对

交际法的诠释，语言交际活动涉及三个层面的能力：表达能力（expression）、理解诠释能力（interpretation）和语义协商能力（negotiation of meaning）。曾妙芬（2008）进一步解释道："'表达'指的是说话者表达某种想法、意见、请求或者要求等等。'诠释理解'指的是听者聆听说话者表达的时候，做自我推理及诠释，以理解说话者的内容及意向等等。听者对说话者所表达的内容和意向，有时候完全理解，有时候不见得完全理解，在不完全理解的情况下，就需要进一步通过'语义协商'的过程，向说话者提出问题，而说话者针对问题，需要进行说明、澄清、解释、补充细节等等，以使听者能完全理解。在语义协商的过程中，说话者和听者之间进行语言的互动，一来一往，一问一答，直到一方或双方认为应该结束为止。"

交际法在语言课堂教学上的普遍运用，使美国的语言教学在理念上发生了重大的变化。曾经流行一时的听说教学法所注重的很多能力和要素都被"交际"这一终极目标所替代，比如传统的教学法强调语言使用的准确性，学生一定要遵循老师的要求和指示，在课堂中大规模反复操练，直到准确无误为止。在交际法的课堂中，这样没有交际目的的操练显得过于死板，取而代之的是在模拟真实的交际环境中，通过同学之间、师生之间的沟通和语义协商，以及教师的及时反馈和指正，在模拟交际过程中获得语言使用的准确性和得体性。在交际法的课堂中，词汇、语法和句型的记忆和操练已经不再是语言教学的重点了，也就是说，语言形式本身并非课堂教学的目的，语言教学不能够仅仅停留在语言形式和语法的层面，而要超越语言形式，实现语言功能，达成交际沟通的目的。

在这样一种教学理念下，北美大学的很多成功的中文项目普遍流行"全浸润式（total immersion）教学模式"，这一教学模式也影响到其他大学的中文项目。在这种教学模式中，对词汇部分的处理，基本上属于"学生课前必须预习，课堂上对词汇几乎零处理，课堂教学以交际为目的，在沟通中用，在交际中学"的方式。以美国弗吉尼亚大学亚洲与中东语言文化学系的中文二年级教学模式（曾妙芬，2008）和美国乔治·华盛顿大学东亚系中文二年级教学模式为例，学生在上课之前必须做好以下内容的准备工作：（1）汉字、生词和句子，（2）课文。学生通过预习，必须要对汉字和生词达到"四会"——会听、会说、会读、会写，同时一定要听熟生词和课文，这样汉字和生词的学习就是在有意义的、连续的语言情景中进行的。而在上课时，老师会直接就课文内容提出各种问题，学生根据课文内容进行回答。所有的生词、语法结构、内容大意都是在有意义的语境中做自然的交流和沟通，运用师生互动和学生之间的互动两种方式创造有利于中文听说的学习环境。学完课文内容以后，再利用适当的语境以问答的方式进行小组讨论，进一步练习已经学过的词语和语法结构，完成特定的功能任务。接下来就可以做完全交际性的口语练习活动了。

所以，如果用中国内地大学对外汉语课堂教学模式跟北美大学中文课堂教学模式进行对比的话，前者强调的是由简到难，由元素到整体，由基本语素到词汇、短语，再到句子、篇章，而后者则是由篇章到功能，强调的是由整体到元素再到整体。前者有自然的目的语环境，学习者出了课堂就可以运用在课堂中学到的各类语法形式；后者处于非目的语环境，但是也在有限的课堂教学中尽可能地给学生提供了模拟目的语的交际环境。在模拟交际环境中，学生会出现各种各样的词语运用的问题，因此教师也可能会遇到各类词汇教学的问题。所以针对词语教学的方案与教学方法，无论是在目的语环境下还是在非目的语环境下，都会对课堂教学有所帮助。

（二）非目的语环境下的词汇教学建议

海外中文教学的具体情况和语言环境多样，教学对象的语言文化背景不一而足，学生的年龄和学习时间也非常复杂，所以课堂词汇教学的具体建议不可一概而论。对于实行学分制的大学中文教学来说，美国大学的课程教学模式值得参考和借鉴。也就是说，严格要求学生进行课前预习，可以充分调动学生的内在动机，培养学生自主学习的能力，帮助学生养成良好的学习习惯，这样也有助于课堂教学的顺利进行。要尽量避免在课上“讲解生词”，而只是对重点、难点生词加以综合性、交际性、任务性的练习。北美大部分大学的中文部已经形成了比较成熟的教学模式和方法，课程设置和管理模式都比较完善，有自己的特点和优势。从国内派往这些大学去的对外汉语老师，在发挥自身语言和教学优势的同时，也要积极主动地去了解、学习对方大学的中文教学模式，促进国内外中文教学的交流与合作。

对于海外孔子学院所设置的一般社会人士在工作之余学习的中文课程，则要根据教学实际、教学对象的特点、学生学习的具体目的来探索自己的教学模式和方法。对于学习动机较强、自律性比较强、自身语言素质较高的学生，也可以参考北美大学的模式。对于学习时间比较少，学中文只是为了培养兴趣的教学对象，也不妨适当降低要求，采用国内生词教学的模式，一点一点培养学生对汉语和中国文化的兴趣。至于中小学学生，甚至是幼儿园的小朋友，则更要根据学生的具体情况采取适当的方法进行教学。对于这一类教学对象，词汇教学环节最好在课堂上进行，应该说，很多课堂上使用的生词教学方法对于培养学生的学习兴趣是十分有帮助的。总之，无论对于哪一类教学对象，传统的“讲授”方式无疑是过时了，突出“情景化”“交际化”“任务化”“趣味化”的教学模式与方法，是对外汉语教学和海外中文课堂教学的主要发展趋势。

附录：以下是一份由海外中文教师按教学时间（100分钟）设计的中级汉语教学方案，从中我们可以体会到在美国大学的中文课堂教学中，词汇教学（带下画线部分和斜体部分）是如何体现的。

课文材料（带下画线的为生词和重点句式）：

星期五<u>按理说</u><u>应该</u>上课，可是有几个朋友<u>邀请</u>我一起去<u>郊游</u>。我不好意思<u>过多推辞</u>，只好<u>答应</u>了他们，没去上课。我们是开车去的，一大早就出发了。那天天儿真不错，我们一路吹着风，心里别提多<u>美</u>了。

可是车<u>走着走着</u>，突然<u>抛锚</u>了。这辆汽车是一个朋友的，以前从来没出过毛病，<u>偏偏</u>今天坏了，你说<u>倒霉</u>不倒霉？别人告诉我们前面有个<u>加油站</u>可以修车。等我们<u>费了九牛二虎之力</u>把车推到了，加油站的师傅告诉我们，车下午才能修好。要是我们在那儿等一个上午，我们的计划不就全<u>泡汤</u>了吗？

课时分工

课堂导入	8分钟	
分组活动 I	10分钟	课文内容提问30分钟
分组活动 II	10分钟	成段表达20分钟
分组活动 III	10分钟	语言任务10分钟
总结	2分钟	

教学步骤

一、暖场

1. 你有什么倒霉的经历？
2. 有没有逃课的经历？结果是幸运的，还是很倒霉？

说明：（1）鼓励学生说出*本课的生词和句型*，如果用到了，就立即写在黑板上，以增强学生的信心。（2）要是学生回答的内容里没有用到新词和句型，老师就要想方设法把*相对应的词语*引导出来。

二、分组活动Ⅰ

1. 学生四个人一组，要求学生自己分组看课文，*找出生词*、*成语*和不明白的句型。

2. 教师展示PPT，列出打算提问的课文内容，要求各组学生*套用课文里的生词和句型*准备回答问题。

三、根据课文内容快速回答问题：节奏要快

说明：要求学生回答问题时使用*课文里的生词*和完整的句子。老师给出的问题要简短清楚，总之要让学生多说，以体现精讲多练。

1. 星期五要不要上课？（按理说）

2. 他为什么逃课？（邀他去……，过多推辞，只好）

如果学生回答：朋友找他去玩儿，他就答应了。没用到“推辞”，那就问第3题。

3. 他没有推辞？为什么？（不好意思）

4. 他们怎么去的？什么时候去的？（开车去的，一大早就出发了）

5. 车走着走着，突然发生什么事了？（抛锚）

……

四、分组活动Ⅱ

要求各组练习说出各段的大意，*要用到本课的生词和句型*。

1. PPT展示课文，把课文分成四段展示给学生。

2. 要求学生用一两句话说出每一段的大意，同时要求学生写下来。

五、成段表达

1. 轮流指定学生说出每段课文的大意。

2. 可以当作比赛，看看哪一组说得最完整，或是*用到的词语和句型*最多。

3. 最完整的一个大意说法，要求其他组听完后复述，以增加上课的紧张程度，逼着学生认真参与，不能偷懒。

六、分组活动Ⅲ

要求各组完成语言任务，从下面题目中选择一个，小组共同完成：

1. 逃课的惩罚 / 倒霉的一天 / 真不该逃课。

2. 改写课文故事，写出自己这组同学（或自己）的“今天真倒霉”。

七、各组同学展示自己的任务，要给每组同学表达的机会。

八、总结全课的内容大意，最重要的是注意生词和课文的运用。

词汇教学的基本方法

第3章

第1节 词语的展示与讲解

一、词语教学中的“讲”

一种语言，如果没有词汇，人们根本无法开口说话。学习一种语言，必须学习它的词汇，词汇学习是语言学习的核心任务。语言的语音系统是封闭的，语法系统也是封闭的，只有词汇系统是开放的，语言学习者学习的过程就是词汇量不断扩大的过程，这是一个长期的过程。从学习者的角度来说，学会一个词包括认识、会写（不强制）、会用三个方面。认识包括会读、会认、了解意思。从教师的角度来说，词汇教学就是教师帮助学生扩大词汇量，帮助学生识记词形（认识、会写）、理解词义、记住用法的过程。因此，词汇教学应当按照“讲—练—用”的顺序，通过“讲”和“练”，最终达到“使学生会用”的目的。

语言教学的实质是“教什么”和“怎么教”的问题，具体到词汇教学的“讲”，就是“讲什么”和“怎么讲”，“讲什么”指内容，“怎么讲”是方法。教一个词，应该讲的内容包括：（1）解释词的意义。词的意义包括基本义，也包括扩展义，如色彩义、引申义、隐喻义等。（2）解释该词的性质和用法。词的性质指词性，词性往往决定句法功能和句法分布。词语的用法既包括词的语法用法，如主要做什么语法成分、能不能接受程度副词的修饰、能不能重叠等等，也包括词语的功能分布，如词语主要用于叙述、描写、命令、提问等哪一种特殊功能。如“还是”用于疑问，询问听话人的选择，“或者”用于说明性选择，选择A或者B都可以。再比如，“连忙”只用于叙述，“马上”既可以用于叙述，也可以用于命令。再如“很”和“真”，虽然都是程度副词，但是“真+形容词”具有强烈的感情色彩，一般用于对话语境，当面、当场表达感叹，所以“真＋形容词”组合不能用来做定语。（3）解释词语的文化意义或背景。有些词语具有非常强的文化意义或者文化背景，不了解这些会造成对该词语的误解或者误用。如“哪儿/哪里”表达“否定别人对自己的夸奖”时，体现了中国人的谦虚品质和意识，这是一种民族文化。

学习者只有先搞清楚词语的意义，才能去用，很难想象一个人不明白一个词的意思却能用得很好。因此词语释义是词语教学的一个最重要的任务，也是“讲”的主要内容，这个任务的核心是给学生讲清楚词语的意义。这个任务听起来容易，好像会说汉语的中国人都能解释清楚某个词语的意思，但是实际做起来并不容易，因为你必须要让学生听懂并明白你的解释，这就要根据学生的汉语水平选择适当的词语和合适的表达方法，以避免出现老师越解释学生越糊涂的情况，这在实际教学中并不鲜见。

二、“讲”的四字诀：精、准、易、度

语言教学是一门技术，也是一门艺术。作为一门技术，它有自己的原则、环节、步骤和方法。这些是可以通过学习和培训掌握的。作为一门艺术，语言教学是活的，千人千面，这是教学的最高境界。

词语讲解也是这样。表面上看，词语讲解就是讲讲词语的意义、用法，也有基本的流程和方法，但是在对外汉语教学实践中，不同教师的讲解差异很大，教学效果不好、不受学生欢迎的词语讲解也大量存在。解决这些问题需要在词语讲解上坚持一定的原则，注意选用合适的方法。总的来说，词语讲解要做到四个字：精、准、易、度。

精：“精”就是精讲、少讲，把更多的时间留给学生练习。语言教学的原则是精讲多练。汉语词汇教学不是专业的词汇理论课程，也不是词汇专题课程，不是给学生教授词汇知识，而是为了提高学生的语言交际能力，因此应该集中火力，主要讲词语的意思和用法，无关的知识不讲，即使是非常精彩的内容，该抛弃的也要抛弃。词语讲解忌讳东拉西扯，也忌讳面面俱到。

“精”在不同等级的呈现方式可以不同。初级阶段的词语教学可以用举例、图示等给出句型来进行讲解和操练，不能使用专业术语做过多的说明。下面是“也”的两种讲解方式。

例1

老师：现在我们学习“也”，“也”是副词，意思是“类同”，在句中

一般放在主语后，谓语前，如“她喜欢汉语，我也喜欢汉语”。谁来用“也”造个句子？①

例 2

老师：“也”的意思是“also”，A 是韩国人，B 是韩国人。用“也”怎么说？

学生：A 是韩国人，B 也是韩国人。

初级阶段的词汇教学，例 2 的方式更为有效。而中高级阶段的词汇教学，也需要像例 1 这样的讲解，只不过要特别注意讲解的正确性。

准：“准”就是“准确”，词语的讲解要求讲得正确、准确，不胡乱解释。词语的意义和用法可以精讲，可以说得浅显，但要说得对，讲解要准确，例子要典型、适当，不能误导学生。下面是某教师解释“也”和“还”区别的例子。

例 3

学生：老师，“也”和“还”有什么不一样？

老师：“也”表示动作的重复，比如“他买了，我也买了”，都是“买”，动作重复了。“还”表示添加，比如“我买了一件衣服，还买一件衣服”，就是再添加一件衣服的意思。

这位老师对“也”和“还”的区别解释不当。首先，不准。如果说“他买了，我也买了”是“动作的重复”，那么“我吃了，也喝了”的两个动作不一样，怎么算是“重复”？其次，“动作的重复”和“添加”这两种表述方式比“也”“还”要难得多，学生应该听不懂。

词语讲解，尤其是初级阶段的词语讲解，忌讳照搬词典的表述，也忌讳自己随意解释，误导学生。

易：“易”就是“容易”，词汇讲解要努力把复杂的东西讲简单，由难变易。第一，讲解时要考虑学生的汉语水平，选用合适的词语和表达方式，老师讲解时使用的词语不能比要讲解的词语还难，一定不要使用生词或更难的词来解释生词。第二，要用适当的方式把复杂的词语意义和用法简单地呈现出来，易于学生理解和接受。在解释生词、辨析词语时要做到这一点是很难的，初级阶段的词汇教学尤其难，因为学生学过的词语很少。下面是某老师解释生词“果汁儿”的教学案例。

---

① 本书所用的教学案例，大部分来自我们多年的听课记录，为了隐私需要，不标明出处。

例 4

老师：什么是果汁儿？果汁儿就是用水果和水搅拌在一起制成的汁儿。我们还可以把很多不同的水果放在一起榨成汁儿，就好像社会上有各种各样的人，大家相互融合成一个和睦的大家庭一样。

这样的解释存在几个问题：1. 用生词解释生词，生词太多。这里的“榨、汁儿、好像、融合、和睦”等词语学生可能都没学过，要想让学生懂，是很困难的。2. 不精，“果汁儿”是一个比较具体的词，这里用这么多的话来说明、解释一个很简单的词，没有做到“精讲”，不经济。3. 太难了。特别是最后一句，非常有哲理，不过在初级阶段要想让学生理解比较抽象的道理是很难的。教学中教师应该努力把难的东西变容易，而不是相反。

其实在初级阶段，教“果汁儿”可以用翻译法，一句“juice”就解决了。也可以用直接法，展示一张果汁儿的图片。如果需要，可以做一些简单扩展，如“一杯果汁儿”“一瓶果汁儿”“一杯苹果汁儿”“我喝果汁儿”。

度：词语讲练应该根据学生的汉语水平等实际情况掌握好“度”，即讲解的深度和广度。初级阶段的词语，一般了解词语的意义和用法就够了，不必深入到词语内部的结构方式、词语的理据、词语背后的文化因素等。随着学生汉语水平的提高，可以提供词语背后依附的更多信息。如果一个词有多个义项，不同义项难度不同，在某课中出现了该词的其中一个义项，那么其余的义项不必一次性都教给学生。

下面是一位老师讲解“颜色”这个词的例子。生词还有“红色、白色、黑色、绿色”等。

例 5

这位老师先讲了“颜色”是名词，意思是“color”。然后讲了 red 是红色，green 是绿色，讲了白色、黑色。此后，这位老师增加了紫色、咖啡色、军绿色、卡其色、灰色、粉色、橙色、藕荷色、金色等几乎所有的颜色。接下来，这位老师设计了“这是什么颜色”的活动，出示各种颜色的卡片，让学生说。然后是“你喜欢什么颜色”的问答活动。最后，这位老师讲了“我给你点儿颜色看看”的意思。

这位老师没有把握好词语讲解的“度”。在初级阶段，学习几个常见的颜色词，认识几种颜色，进行一项“你喜欢什么颜色”的课堂活动就够了，不必学习所有的颜色词，更没有必要讲解“我给你点儿颜色看看”中的“颜色”。

三、词语展示与讲解的常用方法

（一）直接演示法

直接演示法是借助实物、图片、符号、表演、影像等方式直接呈现词语意义的方法。这种方法不需要借助对词语的言语说明，而直接把词语的所指意义呈现在学生面前。

根据使用媒介的不同，直接法有这样几种：

1. 利用实物或实物的图片直接展示词语

实物展示可以利用一些容易获得的、身边常用的东西，如“书、本子、笔、钱包”等。实物展示需要一定的成本，使用上有一定的限制，如“狮子、汽车、博物馆”等词没办法在课堂上展现实物，那么实物的图片就是一个很好的替代品，实拍的照片、网上下载的图片、手绘的画儿都可以，但要注意，图片的主体要单一，避免歧义。比如选择关于“职业”的图片，一般来说，选择典型的一个人的照片比一群人的照片更好，背景简单的比背景复杂的要好。

2. 利用动作表演展示词语

表演可以由教师来做，也可以让学生来做，或者请第三人完成，重要的是表演要准确、突出内容。如学习动词“跑、跳、骑、飞、靠”等，可以实际表演出来，有些词义的差异说起来很难，但用动作表示可以一目了然。比如手部动作“拉、牵、拽”，腿部和脚部动作“踢、踹、蹬、踩、踏”等。另外如“挂”和“贴”，“走”和“跑”等的差异也很适合用动作表现出来。表演配上合适的表情，还可以展示“喜、怒、哀、乐”等较复杂的心理活动动词。除了动作动词可以表演以外，表演法还适合下面这些词语的讲练。

数字 1—10 的讲练。中国人常常用手指搭配的形状表示不同的数字，那么数字 1—10 的讲练就可以用手指表示数字，让学生数数。

方位词的讲练。可以把方位词编成顺口溜，一边说一边用手指示方位：上—下—左—右—前—中—后。

人体器官词的讲练。把人体器官词编成顺口溜，一边说一边用手指指示：鼻子—眼睛—嘴，头发—耳朵—手和腿。

经常有学生说，有些词义甚至句义本来不太明白，但看到老师做的动作和表情后一下子就懂了。由此可见，在教学中恰当利用体态语，有时可以起到事半功倍的作用。

3. 利用现代技术，如PPT、FLASH、影像等动态展示词语

在直接法中，现代技术具有无可比拟的优势，它容易实现、资源丰富、使用方便，因此越来越受到大家的重视和欢迎，使用程度和范围不断扩大。

现代技术突破了传统直接的单纯静态展示，突破时空的限制，使展示的方式动态化、多元化，具有融合性的特点。动态影像，如视频、flash动画等不仅可以用于直接展示词语的意义和所指对象，还可以通过人工剪辑和精密制作，展现事件发展的过程、状态的变化和一些心理活动，如“想家、不高兴、难过、痛苦、着急、担心、放心”等。这样学生很容易理解词语的意义，并感受到词语的形象性带来的情感色彩。

比起语言描述式情景创设方式，现代多媒体教育技术的应用，为教学中情景的创设和展现提供了更为方便、简洁、鲜活的方式。比如学习“正在、有的、一边……一边……”，如果采用语言描述式的方式来创设情景，那么要说的话很长，“昨天晚上我去图书馆了，图书馆里有很多人，有的正在学习，有的正在聊天，有的正在睡觉。我看到一个男孩子，他一边喝酒，一边打电话”。如果使用现代教育技术，可以提前录制一段视频，或者制作一段flash动画，直接放映出来，既省去了较长的语言说明，又可以利用视频进行说话练习。同样，叙述、描写、说明、议论等语言技能，都可以利用现代多媒体技术提供练习摹本。直接的多媒体展示，更容易激发学生的表达欲望。

直接演示法具有直观性，给人的印象深刻，便于识记，同时避免了词语解释的复杂化，如果使用得当，还能起到活跃课堂气氛、调动学生注意力的作用。不过，直接演示法的使用也有一定的局限性，一般来说，只能用于具体名词、动作性明显的动词、感觉特征明显的形容词等，抽象的词很难用直接法展示出来。如具体名词“橘子、书、电脑、裤子”等很容易用直接法展示，但“心情、感受、爱情、关系”等就很难用直接法展示出来；动词“坐、躺、骑、打”等很容易用直接法展示，但“关心、理解、影响、耽误”等就很难直接展示；再如“漂亮、好看”可以用一张漂亮女孩子的图片展示，但是“聪明、笨、经过、毕竟”等就很难用图片直接展示出来。

（二）翻译法

翻译法是指直接用学生的母语或通用外语（如英语）解释词语的意思。基础阶段的生词注释和教学常常采用这种方法，对外汉语教材常常针对不同的使用

对象采用不同的外语注释，形成同一种教材的多语种版本，如“英文版”“日文版”“韩文版”等。

在许多语言教学机构中，为了让学生有更多机会听、说目的语，语言教学中常常限制使用学生的母语或通用外语，但是适度的使用也是有必要的，尤其是在基础阶段，这样可以避免花费过多的时间进行复杂的解释，也可以避免不适当的解释或学生误听造成的误解。初级阶段的词语教学，那些很基本的词语，如果不能用直接演示法展示出来，可以选择用外语直接翻译，如“已经”就是“already”，“为什么”就是“why”，“怎么”就是“how”，“谁”就是“who”，“但是”就是“but”，“来”是“come”，“去”是“go”，“欢迎”就是“welcome”。如果学生问“京剧是什么意思”，可以直接说“Beijing Opera”，而不用解释“京剧是中国的一种传统戏剧形式……”。

当然，选择翻译法时应该注意汉语词和外语翻译词不完全对应的情况，以免造成学生的误解和误用。如汉语的“还是”，外语的翻译词一般选择“or”，不过“还是”和“or”存在一定的不同，应当向学生讲清楚。再比如汉语的“又”，一般翻译为“again”，不过汉语的“又”一定是已然的，即已经发生的事情，如“他吃了一碗，又吃了一碗”，未然的不能用“又”，可是英语的“again”不仅可以用于已然的情况，也可以用于未然的情况。再如，英语中的“experience”翻译成汉语，也有两个对应词，就是“经历”和“经验”，而在汉语中，这两个词之间又存在差别。汉语和其他的外语也存在这种情况，因此使用翻译法的时候一定要注意，并及时说明。

还有一个问题，汉语教学一般不提倡使用外语，因此使用翻译法也要把握一个“度”，即使是在初级阶段，也最好限制在词语、课堂指令和必要性的解释上，不能通篇都用外语解释汉语，而且随着学生汉语水平的提高，外语的使用应该越来越少。

翻译法的优点是直接、方便、省时省力，但翻译法也有一定的局限性。一是不同语言的词语不是完全对等的，它们在内涵、外延、词性、搭配、色彩义等方面存在差异，因此容易造成学生理解上的偏差，从而造成使用偏误。如：“参观、访问”都是“visit”，学生就会说出“昨天我访问了我的朋友”“我访问了故宫”这样错误的句子。二是混合班的学生来自不同国家，各有自己的母语，教师不可能什么语言都会，学生也不可能都懂英语，因此翻译法的使用要根据教师和学生的实际情况而定。

（三）特征定义法

定义法是用“特征+类”来解释词语的一种方法，它的优点是较为精准、科学，因此词典上对词语的释义大多采用定义法。方式上可以是“特征+类”，也可以是“类+特征描述”。

在实际汉语教学中，汉语教师会自觉不自觉地使用特征定义法给词语释义，不过汉语教学服务的对象是具有不同汉语水平的学习者，因此在使用特征释义法时不仅要讲究一定的科学性，更要考虑释义用词的等级，选择符合学生汉语水平的词语以及句式进行说明，避免用生词解释生词，避免使用新的语法结构。汉语教学实践中，各种类型的词典是我们经常使用的重要参考，实际词语教学中存在照搬词典释义，或者为了追求释义的科学性和准确性把释义复杂化的现象，这是不可取的。下面是一个教学实例。

例1

某位教师在教“土豆”这个词时，这样给学生解释：这是一种素菜，它的外部特征是圆形或卵圆形，有皮，一般为淡黄色，有的上面有斑点，口感柔软。这个特征定义基本上照搬了词典释义，科学性和准确性当然没问题，可是适应性问题很大，这里“特征、圆形、卵圆形、皮、斑点、口感、柔软”都是相对比较难的词语，完全超出了初级学习者的汉语水平。而且，这么复杂的释义不要说留学生听不懂，中国人都不一定一下子能明白这里说的是土豆。因此，在教学中教师需要对释义进行简单化改造，根据学生的汉语水平，使用学生学过的词语来解释，或者舍弃一部分特征，或者增加别的特征。“土豆”可以解释为“西方人常常吃的一种菜，它是圆的，这么大（用手比划大小）……”，一边解释，一边比划，学生很容易猜出来。①

汉语词汇教学中使用特征定义法时要注意变通地用，不特别要求释义精准、科学，不特别要求释义方式标准，完全符合特征定义法“特征+类”或“类+特征”的形式要求，可以根据学生的水平和当时的实际情况对释义用词和释义方式进行调整，或者结合其他方法，比如画画，让释义更简单、更明确。下面的教学实例中，教师就很好地做到了变通。

---

① 实际上，学习“土豆”这类名词时，如果是生词，教材上一般会有外语解释，如果不是生词，而是被学生问到，则可以使用直接法，展示一张土豆的图片，或者使用翻译法，这样既省时，又省力，效果也更好。

例 2

课堂教学中，一名泰国学生说出了一个句子“我最喜欢吃榴莲”，别的学生问“榴莲”是什么。[①]

“榴莲”，词典的释义是这样的：

榴莲：①常绿乔木，叶子长椭圆形。果实球形，表面有很多硬刺，果肉白色，可以吃。原产马来群岛。②这种植物的果实。

词典的释义很难，这位老师没有使用，而是通过逐项添加特征一步步引导学生猜出来。具体做法是这样的：老师先在黑板上写出了“榴莲”的汉字和拼音，然后说：“榴莲是一种水果（类），在泰国很有名，像篮球那么大（用手比划大小），味儿不太好（做不好闻的动作），可是很多人喜欢吃……”这时候学生基本上都猜出来了，还有不懂的学生，同国籍的学生也主动帮忙翻译了。

上述实例是突发事件，教师不可能提前准备好榴莲的图片或者外语对应译词，那么这时候使用特征定义法，通过逐项添加特征来引导学生猜词就是一个不错的解决办法。当然，如果你会画画，直接画画更简单有效。如果班上有会画画的学生，也可以让学生来画，只不过对学生来说，会画画，又正好了解榴莲是什么，这个概率比较低。

虽然初级阶段的很多词语（特别是名词）可以使用直接法展示，翻译法解释，教材上的生词一般也都有外语翻译，但是在教学中我们提倡尽量少用外语，能不用就不用，要多用汉语。初级阶段的生词教学应该多尝试“用汉语解释汉语”，或者至少做到外语和汉语双解，这样一方面可以提高学生接触汉语的机会，一方面可以培养学生“用汉语解释汉语”的能力。比如“爷爷”可以不翻译为“grandfather”，而解释为“爸爸的爸爸”，“奶奶”解释为“爸爸的妈妈”，“后天”解释为“明天的明天”，“前天”解释为“昨天的昨天”。教师应该多尝试“用汉语解释汉语”，多尝试让学生“用汉语解释汉语”，举例来说，在学习完一课的生词后，可以组织猜词比赛，把学生分成两组，一组负责“用汉语解释词语”，一组负责猜。比赛的方式和规则可以根据实际情况灵活设计，实践证明，学生的热情和参与度都很高。

特征定义法还可以结合语素教学法，把一批具有相同语素的词语串起来，形成一个类聚。如含有“店”的词语有：商店、药店、书店、服装店……含有

① 一般的生词教材中都有译词，老师也可以提前准备图片。但有时候学生会说出一些别的同学不知道的词，这种突发情况需要老师说明一下，说明时可以采取适当的方法。

“学”的生词有：大学、学校、学习、学生……这种方法既可以给词语释义，又可以用来复习词语，还可以用来补充词语，扩大词汇量。如：

学习“病”时，教师可以先提示“生病”的人叫“病人”，然后问：

在医院里病人住的房间叫——？（病房）

病人用的床叫——？（病床）

病的情况叫——？（病情）

生病的原因叫——？（病因）

在一个学校学习的人，叫“校友”，在医院时住在一个病房的人，叫——？（病友）①

但是要注意，如果是补充词语，要注意控制词语的“量”和“度”。量上不能过多，过多会分散学习者的注意力，度上要注意控制补充词语的难度，使之与学习者当前的汉语水平相符。比如上面举的例子“生病”，其中的“病情”是一个难度更大的词，给还是不给，应当综合考虑。如果学生之前学过“情况”这个词，就可以给，如果没学过，就不要给。

使用特征定义法要避免直接抄用词典释义，词典释义讲究释义的准确性和科学性，在释义用词上不考虑所用词语的等级。如：

鸡：家禽，品种很多，嘴短，上嘴稍弯曲，头部有红色的肉冠。翅膀短，不能高飞，也叫家鸡。

录像机：把图像和声音记录下来并能重新放出的机器。

这样的释义如果直接使用在教学中，只能使学生更糊涂。在语言教学中，应该根据学生的实际汉语水平，选择合适的词语和结构进行释义。

（四）示例法

有些词语体现的是上位的类概念，本身没有一个具体的实物与它对应，比如“水果、动物、植物、粮食、茶具、行为”等，因此不太容易用直接法展示，如果不方便或者不习惯用翻译法，可以采用示例法，就是举例子。如学习“水果”，可以用学生学过的例子引导：

老师：苹果、香蕉、草莓都是什么？

学生：水果。

---

① 参见《汉语可以这样教——语言技能篇》第46页，赵金铭主编，翟艳、苏英霞、戴悉心编著，商务印书馆，2006年。

实际教学中，少解释，多举例，是一个好的做法。可以多用学生身边的、亲身经历的例子。

（五）分解法

汉语有大量的合成词，合成词是由两个或两个以上的语素构成的，合成词的意义和构成合成词的语素之间有重要的甚至是直接的联系，这样的词语可以采用分解的方式，通过讲解每个语素的意义，引导学生总结出整个合成词的意义，这就是分解法，或者叫作语素教学法。如“书店”，是“卖书的店”，“商店”是“做生意的店”，“当时”是“当……（某件事）……的那个时候”，“当年”是“……的那一年”。

语素教学法既是一种教学方法，也是一种学习方法。俗话说“授人以鱼，不如授人以渔”，学生掌握了合成词的规律，就可以尝试自己发现、了解、解释词语的意义，提高自学的能力。如“经历”可以解释为“一个人经过某个事情的历史”，“往事”可以解释为“已经过去的事情”。

不过在实际教学中，要注意避免学生“望词生义”。

（六）图解法

有些词有几个义项，几个义项之间具有引申关系，就可以用图解的方法揭示它们的意义及各个意义之间的关系，这样的讲解既能使学生“知其然”，也能使学生“知其所以然”。如讲生词“一直”，“一直”有两个义项，一个是“空间上，一直往前走”，可以画一个简单的地图，然后标上行走路线“T1 →→→ T2 目的地”，一个义项是“时间上，从 T1 到 T2 都是这样，没有变化”，可以图解为“T1 →→→ T2”。

比如学习“经过”，可以根据“经过”的义项分合情况，一步步图解。

经过 1：动词，从地方 A 到地方 C，中间要走地方 B。图解为：

A →⋯⋯→	B →⋯⋯→	C（目的地）
北京	天津	上海
北京	武汉	广州

从北京坐火车去上海要经过天津。

从北京坐火车去广州要经过武汉。

经过 2：做了 B，达到了目的 C。

A →……→ B →……→ C（目的）
格式：经过 B，C（目的实现）。

经过两个月的努力学习，我的汉语进步了很多。

经过十个小时的飞行，我们的飞机终于到了美国。

经过认真的考虑，我同意了他的要求。

再比如程度副词，“有点儿、比较、很、非常、极了”等有程度的差别，学生也会经常问到，教师可以用图解法展示这几个词程度的高低差别。

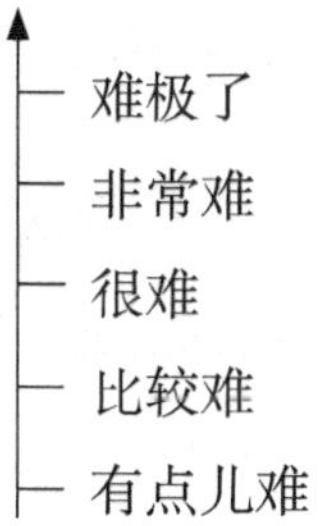

（七）联系法

词与词之间总是存在这样或那样的关系，我们可以利用这种关系来帮助讲解生词。教某个生词的时候，教师可以直接给出或引导学生通过联想和联系找出已经学过的相关联的词语，然后对词语进行释义、用法讲解，并比较它们之间的差别，这种方法叫联系法。联系法在词汇教学中应用很广泛，它的作用非常明显。第一，利用学过的相关联的词，可以使词语的解释更容易、更清楚；第二，通过联系和联想给出或引导学生找出已经学过的相关联的词，也是一种很好的词语复习；第三，联系法对相关联的词语之间的差别（意义上、用法上等）进行了辨析，可以使学生对词语的意义和用法有更准确的理解，最终使学生在表达时用词更准确、更灵活、更丰富；第四，联系法可以帮助学生把学过的词语互联起来，建立词语网络，形成汉语的词汇库。

使用联系法一般分三步。第一步建立联系：给出或引导学生找出相关联的词语。第二步解释并比较：比较意义和用法上的差别，进行词语辨析。第三步总结并串联：把相关联的词语用一条或几条线索串联起来，帮助学生形成词语网络。

汉语教学实践中可以利用下面这些词语之间的联系，把具有某种关系的词语串联起来。

（1）上下位词。如：

车：火车、汽车、出租车、自行车……

家具：床、桌子、椅子、柜子、沙发……

电器：电视、电脑、冰箱、洗衣机、DVD 机……

（2）整体—部分词。如：

身体：头、上身、下身、脚……

头：眼睛、耳朵、嘴、鼻子……

（3）同义词、近义词。如：

明白—懂—清楚　　最后—终于　　连忙—马上—立刻

再—还—又

语言里存在大量的同义词和近义词，这给语言学习带来一定的困难，学生常常搞不清楚这些“一样又不一样”的词语怎么用，经常用错，因此在学习到一定的阶段时进行联系、复习、比较和词语辨析是非常必要的。

如学习生词“访问”时，可以联系学过的近义词“参观”，引导学生搞清楚二者的区别。

学习“游览”时，可以把“旅游、旅行、参观、访问”都联系起来，因为它们的英文注释可能都是“visit”，学生可能混淆，因此把它们放在一起进行比较，解释他们的区别和联系，非常必要。前提是这些词学生之前都学过，如果没学过，就不要在讲新词时引入另一个新词进行辨析。

（4）反义词。如：

矮：不高。

短：不长。

窄：不宽。

浅：不深。

糊涂：不明白。

反对：不同意。

反义词释义法也是常常使用的。如学习生词“担心”时，可以联系学过的反义词“放心”，“请放心”就是“别担心”。

反义词不仅可以用来释义，也可以用来帮助识记生词，即一方说解释，一方猜生词。

（5）同素词，即有共同语素的词。如：

感动—感人—感激—感受—感到—感觉

这组词都有共同的语素“感”，因此在意义上有关联，但又有所区别。联系起来进行释义和比较，可以让学生体会到汉语的构词法以及词义的来源与构成法，这有助于学生了解汉语词汇的规律，形成自学的能力。

如学习生词“密码”时，可以联系已经学过的有共同语素的词“秘密”和“号码”，通过“秘密”“号码”引导学生识记“密码”的意义和词形。

（6）同功能词。

这些词在词性上属于同一个大类，在大类上具有相同功能。如汉语的“有点儿、比较、很、真、非常、特别、太……了、……极了”等，都表示程度。词汇学习到一定阶段时，教师可以引导学生进行复习、总结和比较，帮助学生逐步形成汉语程度的表达网络，实现程度的准确表达。

程度的表达	太……了 ……极了 非常（特别、十分、万分）…… 很（真、挺、怪）…… 比较…… 有点儿……

再比如“就”和“才”，它们都是副词，一个表示“主观大量”，如“他10点才起床”，一个表示“主观小量”，如“我5点就起床了”，也常常成对学习。

联系法既是一种教学法，也是一种学习、复习的方法，能帮助学生多思考，多练习，多学多用，举一反三。

（八）比较法

比较法是通过对相关词之间的比较，搞清楚某个词的意思和用法。这种方法和联系法有一定的关联，因为比较常常发生在有联系的词语之间，如近义词的比较、同功能词的比较等。

如学习生词“相当”时，可以联系学过的程度副词“有点儿、比较、很、非常”等，引导学生进行程度高低的排列，帮助学生建立起汉语的程度空间等级。

学习程度副词“真”，可以拿“很”来进行比较。在程度上，“真”比“很”要稍高一些。在感情上，“真”主观性很强，常用于表达某种感叹，而且只能用于“主语＋真＋形容词！”结构，如“我们的老师真好！”“你真聪明！”“这本书真不错！”，不能用“真+形容词”做定语，如不能说“这是一本真好的书”“你是真聪明的人”“这是真不错的书”“我们的老师是真好的人”。而“很”一般比较客观，是一种中性的评价，可以用在“主语＋很＋形容词”的结构中，如“我们的老师很好”，“很＋形容词”也可以做定语，如“他是一位很好的老师”。

（九）情景法

教师在使用汉语授课时，词语释义要避免“用生词解释生词”。有些词语不好直接展示，意义又具有一定的抽象性，或者在使用上有一定的特殊性，它们的释义就变得很困难。如果用汉语解释，可能会用上学生没学过的生词，只能使学生越听越糊涂。对这样的词，教师可以不直接解释词语的意思，而是给出一定的情景，在情景中引出例句，引导学生体会词语的意思与用法。拿“着急”来说，教材的注释一般是“worry, hurry”，这样的注释常常使学生说出“你着急一下”“我着急妈妈”等错误的句子。为避免这一偏误，教学中可以创设一定的情景，帮助学生准确理解词语的意义，并进行操练。

老师：你和朋友一起坐火车去旅游，火车是晚上8点的，现在已经7点30了，你的朋友还没有来，你的心里怎么样？你的心里很……？

学生：我的心里很着急。

老师：火车要开了，我的朋友还没有来，我（的心里）很着急。

学生重复。

老师：后天要考试了，你还没准备好，你的心里怎么样？

学生：我的心里非常着急。

老师：别着急，我们还有时间。

老师总结：如果事情A必须很快解决，但是你现在不知道怎么办或者你不能解决，这时候，我们说“S（的心里）＋很＋着急”。

老师：孩子病了，妈妈心里怎么样？

学生：妈妈很着急。

老师：旅游的时候你的护照丢了，你……

学生：我的护照丢了，我很着急。

老师：你的朋友护照丢了，他很着急，你对他说什么？

学生：别着急，我帮你找。

通过上面的情景教学，学生了解了“着急”的使用语境和条件。通过模拟学习或者激发记忆，帮助学生实现正确输出，达到“说得出”“说得对”“用得好”的目标。

再举一个例子，下面是一个学习“耽误”的教学实例。

老师：昨天老师病了，所以没有给你们上课。我可以说“昨天我病了，耽误了给你们上课”。

老师：昨天晚上我有很多作业要做，可是朋友要我去喝酒，我们喝到很晚，没做作业，我们可以怎么说？

学生：昨天晚上我和朋友喝酒，耽误了做作业。

老师总结：因为事情A，应该做的事情B没有做，我们可以说“……耽误了……”，（板书）事情 A 耽误了事情 B。

老师：昨天某某某的太太来北京，他去机场接太太，没有来上课。

学生：昨天某某某的太太来北京，他去机场接太太，耽误了上课。

情景法因为给出了词语使用的拟真语境，揭示了词语的使用条件和要求，即“什么情况下用”和“怎么用”两大基本问题，因此特别适用于比较抽象的实词和虚词的教学，它的好处是“不讲”却能让学生体会到词语的意思，并且通过真实的情景掌握词语的用法和使用环境。情景法既可以帮助学生准确理解词语的意义，也可以用于词语用法的操练，由于教学方法还原了词语真实的使用环境，有时候借用学生身边的事例，很容易激发学生的兴趣，调动课堂气氛。

词汇教学中使用情景法要注意以下几方面的问题：

1. 情景的创设要典型，尽量真实。

情景必须是该词语使用的典型语境，在这样的语境里使用该词语最自然。情景的创设可以以教师自己或班上的学生为例子提出，这样更能激发学生的兴趣，活跃课堂气氛。下面是采用情景法教“突然”和“连忙”的一个教学实例，老师有机地把两个词放到一起教。

老师：昨天晚上，我正在看书，（做敲门手势）有人敲门。

学生：突然有人敲门。

老师：（做动作）放下书跑着去开门。

学生：我连忙去开门。

老师：打开门一看，是超人。

学生：昨天晚上，老师正在看书，突然有人敲门，他连忙去开门，打开门一看，是超人……

2. 词汇教学的情景创设应该模块化。

模块化一方面具有可替换性，容易激发学生类似的经历或回忆，让学生有话可说，喜欢说，愿意说；一方面具有扩展性，不同的模块可以对接，随着学习者汉语水平的提高串联扩展成更长、更复杂的语段甚至语篇。模块化要求语言组织上具有一定的框架性，用几个关键词就可以串联起来。如上面的“突然、连忙”的例子，具有很强的可替换性和扩展性，可以用“时间……正在……突然……连忙……”串联起来，就形成了叙事的结构，按照这个结构，学生可以很轻松地输出下面的语段：

昨天晚上，我正在房间里做作业，突然停电了，我连忙给宾馆服务员打电话，让他们给我送蜡烛。

3. 使用情景法要注意加强总结，尽量做到形式化。

总结可以由教师直接给出，也可以在一定例句的基础上，引导学生一起总结词语的使用条件和句式结构，即“什么时候用”和“怎么用”，并用形式化的图表、图例、句式框架表示出来。如前边的“耽误”，使用条件是“因为事情 A，应该做的事情 B 没有做”，使用的句式结构是“事情 A 耽误了事情 B”。

4. 开放式练习与机械重复练习相结合。

在学生理解并掌握了词语的使用条件和句式结构后，教师还应该提供更多的情景进行操练，帮助学生在“学中用、用中学”。操练要注意做到开放式练习和机械重复练习相结合。情景创设后，要求全班学生或个别学生按要求输出目标句，然后检查目标句的正确性，还要要求全班学生（齐说）和个别学生（分说）机械重复这个句子，以保证大家都能正确输出目标句，保证每个人都有机会开口，提高开口率。

四、不同方法的选择和配合

上边介绍了词语讲解的常用方法，不同的方法各有优点，也各有缺点和局限性，都有一定的适用范围和对象，教师应当根据具体的教学实际选择最合适的教学方法，即所谓的“教学有法而无定法”。教学实际情况包括教学条件（如有无多媒体设备、能不能展示实物）、教材情况（如本课生词之间的关系、本课生词与学过的词语之间的关系）、学习者情况（如汉语水平、母语背景、汉字程度）等诸多方面。

选择最合适的方法包括两层意思：一是做到方法使用的最优化。所谓的最优化，就是哪种方法最能说清楚词语的意义和用法，就用哪种方法，哪种方法最有利于操练，就用哪种方法。二是做到方法使用的最简化。如果能用一个词说清楚（如翻译法），不用一句话来解释（如定义法），能用 1 秒钟讲清楚（如直接法），就不用一分钟（如情景法、比较法）。

词语释义的不同方法既可以单独使用，也可以配合使用。比如定义法常常和示例法一起使用，直接法也常常和情景法一起使用。不拘泥于某一种教学法，能够针对不同的教学内容、教学对象，在不同的教学环境下，采取最为恰当的教学方法，或者综合运用几种不同的教学方法，使学生掌握语言形式，达到自由运用语言进行交际的目的，是语言教师的最高境界。

第②节　词语练习

一、词语教学的“练”与“用”

词汇教学应当遵循“讲—练—用”的顺序，通过“讲”使学生明白词语的意义，通过“练”使学生掌握词语的用法，最终达到“使学生会用”的目的。“讲”主要讲词语的意义和用法，讲清楚后还要引导学生进行有针对性的“练”。

词语教学中的“练”包括课堂中的“练”和课后练习的设计两个部分。课堂中的“练”和“讲”紧密结合，“讲”中有“练”，“练”中有“讲”，精讲多练。练习的方式多种多样，课后练习的方法主要是出练习题，与课堂练习有很多相同的地方，因此，这里主要讲课堂词语练习的常用方法。

二、“练”的三字诀：优、活、适

优：采用最好的练习方式，达到最好的练习效果。练习的目的是巩固提高所学的内容，检查学生掌握的情况。

活：练习方式灵活多变，既有死的练习，也要有活的练习，搭配使用，交错使用。练习的设计上应该遵循“机械—控制—半开放—开放”的顺序。重复例句是机械性练习，词语替换和扩展是控制性练习，用指定词语完成或改写句子是半开放性练习，情景说话和造句是开放性练习。

注意：形式不要单一，不能一种练习包打天下。

适：根据词的特点选取最合适的练习方式，各种练习形式的搭配要合适，练习的难易适度，练习的数量适量，练习的方式和内容也要做到适人、适时、适景，因人而变，因时而变，因景而变。

适人：针对不同的教学对象，练习的方式和内容应该有所不同，以适应他们的兴趣、特点、心理等需求。

比如同样是教“问姓名”，如果是在以年轻人居多的普通班，学员大多本来就是学生，那么教他们“你叫什么名字？/你是……？/您贵姓？”等形式就够了，如果教学对象是商务人员，那么“您怎么称呼？/您贵姓？/这是我的名片”等表达就是必须要教、必须要练的。

适时、适景：比如学习“怕”，赶上冬天，可以问“你怕冷吗？”，赶上夏天，可以问“你怕热吗？”。

三、词语练习的常用方法

（一）指物说词或听词指物

教师将事先准备好的实物、图片或制作的 PPT 等带入教室，教师依次展示实物或图片、卡片，学生说出相应的词语。也可以让一名学生根据实物或图片说词，另一名学生指出该物。

指物说词或听词指物主要用于生词的识记，可以帮助学生建立词语与所指的关联，从而记住词语的意思。

（二）根据动作说词或听词做动作

根据动作说词可以采用教师做动作、学生说词的方法。教师也可以让一位学生看着教师写在纸上的词做动作，其他学生根据动作说词。

听词做动作是教师说词，学生做动作，或请一位学生说词，别的学生做动作。

动作演示法适用于动作性强、表演性强的动词，如“吃饭”“唱歌”“喝酒”等，也常常用于方位词，如“东西南北”“前后左右”等。

（三）生词卡片展示

教师制作生词卡片，一面是汉字，一面是拼音或者词义，词义可以用外语表示。使用时，教师快速展示生词卡片的一面，学生说出意思，或者根据意义说出生词。

生词卡片展示主要用于帮助学生识记生词，建立起词形与词义的联系。

（四）词语联想练习

不同的词语之间存在各种联系，可以通过联想，利用各种联系把不同词语串联起来，进行练习。练习的形式可以是口头的，也可以是书面的。下面介绍几种常用的方式。

（1）说出同义词

努力—认真　　　　主意—想法　　　　现在—眼下

（2）说出反义词

大—小　　　　便宜—贵　　　　困难—容易

（3）词语接龙

要求所有的学生一个接一个说词语，说出的词语与前边的词语含有一个相同的汉字（或相同的读音），如：

主意—意思—思考—考试—尝试—经常—经过—……

词语接龙可以设计成比赛形式，这种练习是复习词语的好方法。

（五）生词扩展练习

这是一种组合练习，把生词按要求扩展成短语或者句子。名词一般可以扩展成数量名结构或定中结构。如：

本子	一个本子	我的本子	新本子
书	一本书	新书	汉语书

动词一般可以扩展为动宾结构、动补结构、否定结构等。如：

洗	洗衣服	洗干净	不洗	没洗
赶	赶飞机	赶时间	赶上	没赶上

说　　　说得出来　　说不出来

还有一种塔式词语扩展练习，从词语一步步扩展到短语，长度不断增加，最后扩展到句子，全部的扩展形式排列起来，形成一个“金字塔”。如：

问题
一个问题
问一个问题
问你一个问题
我问你一个问题
我想问你一个问题。

兴趣
有兴趣
没有兴趣
对经商没有兴趣
我对经商没有兴趣。

在生词扩展环节，应尽可能把课文中的句子通过扩展的方式引出来，以便为之后的课文练习做好铺垫。

（六）词语替换练习

替换是一种聚合练习，把相同类属的词语放在一起，可以是同一课内相同类属的词语，也可以是以前学过的词语。这是复习词语的一种好方法。如：

特别 非常 很 比较 有点儿	漂亮 聪明 努力 帅 暖和 凉快

（七）完成句子练习（用指定词语完成句子）

为了更好地练习词语的用法，可以设计完成句子练习，要求用指定的词语完成句子。如：

汉语发音______________________________。　（特别）
我的房间很凉快，因为______________________________。　（空调）

（八）造句 / 说句子

造句 / 说句子练习是最不受条件限制、实施起来最简便的一种练习方式，学生开口率高，对教师来说也很省力，因此，很多老师在讲练生词时喜欢用，也常常用造句法——“某某某，你用 ××× 造个句子”。造句法的优点非常明显，缺点也同样明显。第一，因为造句是一种比较开放、自由的练习方式，难度较高，如果学生回答不上来，容易造成课堂冷场，使课堂气氛尴尬。第二，课堂直接造句因为思考的时间短，学生造出的句子可能五花八门，似对非对，教师很有可能一时判断不准是对还是错，造成纠正与不纠正两难的局面。鉴于此，我们建议在课堂上慎用直接造句 / 说句子的练习方式，但这不是说造句 / 说句子的练习方式就不能用，用还是可以用的，不过要循序渐进，由易到难，先讲后练，先机械地练，然后过渡到半开放地练，最后过渡到比较开放的造句练习上。同时，作为课后作业，造句是一种很好的练习方式，也是一个很好的反馈方式，通过造句作业，可以有效检验学生是否真的听懂了老师的讲解，是否真正掌握了词语的用法，可以及时发现问题，及时纠正和补救。造句作业中发现的问题也能促进教师对教学方法和过程进行反思和总结，积累经验，吸取教训，从而进一步提高自己。

（九）情景说话 / 对话

教师创设情景，要求学生根据情景用所给的词语说话或者对话。例：

> 怪不得
>
> 老师：以前你很奇怪：这几天小王这么高兴。现在你知道原因了：他找到了一个好工作。用“怪不得”怎么说？
>
> 学生：怪不得小王这几天这么高兴，原来他找到了一个好工作。

（十）话题交际

这是语段和语篇练习，教师给出交际话题或者作文题目，同时给出参考词语和句式，要求学生使用这些词语和句式，但不用考虑词语的先后顺序和使用次数。词语通常选择与话题关系密切的、课文中出现的重点词语，句式一般选择刚刚学过的重要句式。如：

> 话题：谈谈你的爱好
>
> 要求：不少于 15 个句子，并用上下面的词语和句式。
>
> 爱好　　兴趣　　常常　　关于　　了解　　V + 得 + 很 + adj

（十一）互动交际法

目前课堂教学重视互动，如师生互动、生生互动，在模拟完成真实的交际任务的过程中，达到“学中用、用中学”的目的。词汇教学也可以使用互动交际法，通过直接的“用”达到“讲清楚”“练充分”的目的。交际法主要应用于那些意义单纯、简单，容易把握，日常生活中常常使用的重要词语，如“见面”“知道”“介绍”“希望”“愿意”“愿望”等。

使用互动交际法之前，应该要求学生预习，并做必要的准备。根据交际形式的不同，主要有以下几种方式。

1. 提问法

提问法一般是教师直接提问学生，如学习“认识”时，教师可以直接问不同的学生这样一些问题[①]：

你认识 ××× 老师吗？

你认识 ××× 吗？

你和你太太是什么时候认识的？

课堂上也可以进行生生互问，即学生问学生，不过需要提前准备。教师要求学生提前准备好要问的问题和要问的人，比如采用写纸条的方式，纸条上写好问题和要问谁，然后在课堂上把这些问题呈现出来。

2. 讨论法

讨论法可以用于一组具有共同功能或者同一使用领域的词语的练习。如程度副词“很、非常、特别、比较、不太、最”等的教学，可以选择汉语作为话题，组织学生讨论呈现。如：

你觉得汉语难不难？

你觉得汉语有意思吗？

你觉得汉字难不难？

3. 采访法

采访法通过安排模拟的采访任务，让学生把某课的生词串联起来应用。教师根据生词和课文内容设计出各种问题，或者协助学生设计调查问卷，并用表格的形式呈现，分为 A、B 两部分。把学生分成两组，分发不同的表格，拿表格 A

① 问题应该根据学生的实际情况来问，因此要求教师对不同学生有一定的了解。回答时要求学生做完整回答，如不能说“认识”或者“不认识”，而应该说“我认识 ×××”“我们是去年认识的”。

的学生找到拿B的学生，两人互相采访。采访完以后还可以继续采访其他同学，然后进行对比和总结，最后进行口头报告。

下面是一个实例：根据“消费观念”的内容设计课堂活动“请找到谁是另外一个你——看看你跟谁的消费观念是相似的”。（画线的词语是生词）

A组任务：谁是另外一个你？——你跟谁的消费观念是一样的？

问题	自己的回答	第一个朋友	第二个朋友
你每个月存钱、花钱有没有计划？			
你经常买奢侈品吗？如果是同一种商品，有高档、中档和低档的，你会买哪种？为什么？			
你每个月的开销大不大？你觉得钱够不够花？			
要是欠别人的债，你觉得心里踏不踏实？			

B组任务：谁是另外一个你？——你跟谁的消费观念是一样的？

问题	自己的回答	第一个朋友	第二个朋友
你有没有不必要的开支？是什么？			
你工作以后，是能省就省，还是能花就花？			
你有没有攒钱的计划？你想攒钱做什么？			
到现在，你攒下钱来了吗？			
要是你想买房子、买汽车的话，打算怎么付钱？一次付清还是分期付款？			

四、不同练习方法的综合运用

上文所说的各种练习方法有各自的优点，也有各自的局限，而且还有不同的适用性。无论是课堂词语练习还是课后练习，教师在设计这些练习时应该综合考虑，灵活运用，既要考虑练习的量，也要考虑练习的质，考虑练习的针对性。所谓练习的针对性，就是既要对学生有针对性，又要对词语有针对性。

对学生有针对性，就要求针对不同学生设计不同的练习，特别是在练习的难度设计上。程度差一些的学生，给一些难度低一点儿的练习，比如机械性的重复练习，或者在个别练习中，把程度差的学生放到后边。程度好一些的学生，给一些难度高的练习，比如开放性的练习，或者在个别练习中，把程度高的学生放到前边。

对词语有针对性，就要求针对不同的词语设计不同的练习，设计的练习形式应该符合词语的特点，不是为了练习而练习。举例来说，“真”“可”这样的程度副词，必须使用在对话语境中，在设计练习时，机械性的例句操练或者替换练习不能很好地体现它们的使用特点，如“你真好”“你真漂亮”等，而应该设计一些情景练习，在情景中进行。再比如“连忙”这个词，有人用例句或者造句的方式进行练习，如“他连忙走了”“我连忙买了一个”，这样的练习不能揭示“连忙”的使用环境，会造成学生误用，说出“* 这件事你连忙去做”“* 你连忙给我买一个新的”这样错误的句子。实际上，“连忙”用于叙事的语境，通常是在某个事件中，发生了某种情况 A，某人根据这种情况做 B，形式上可以表示为“$T_{时间}$……，情况 A，S 做 B”，如：

昨天晚上我正在房间里看书，突然有人敲门，我连忙去开门，打开门一看是我的好朋友。

有一天我坐公共汽车，突然车一下子停了，我撞在别人的身上，我连忙说“对不起”，他说“没关系”。

课堂上的词语练习，对设计者的要求更高，它是“讲”之后的“练”，这种“练”除了要方式多样之外，还要遵循一定的顺序，一般先是机械性练习，如扩展和替换练习，然后是半机械性练习，如指物说词、猜词等，然后过渡到半开放性练习，如“用指定词语完成句子”等，最后才是开放性练习，如情景对话、说话这样的练习。不过，就每一个词来讲，并不需要面面俱到，用上每种练习形式。

下面看一个生词教学实例。

实例 1：羡慕

老师：××× 的汉语非常好，我很羡慕他。我们一起说。

学生：××× 的汉语非常好，我很羡慕他。

学生 1：××× 的汉语非常好，我很羡慕他。

学生 2：××× 的汉语非常好，我很羡慕他。

（注：这是跟说练习，让学生跟说例句，是机械性练习。跟说时注意做到点一面结合，要学生齐说，男女学生“分说”或者某几个学生“个说”，保证学生集体开口率。）

老师：你的朋友找到了一个非常好的工作，你怎么样？

学生：我很羡慕他。

学生3：我的朋友找到了一个非常好的工作，我很羡慕他。

学生4：我的朋友找到了一个非常好的工作，我很羡慕他。

（注：这是半开放性的情景会话练习。）

老师：×××，你羡慕过别人吗？

学生5：我的朋友能说一口流利的汉语，我很羡慕他。

学生6：××有很多中国朋友，我很羡慕他。

（注：让学生自由表达，这是完全开放性的练习。）

……

第3节 词语复习

一、遗忘与复习

词语学习就是词汇量扩大的过程，即词语积累的过程，这是一个长期的过程。词语积累的过程总是记忆与遗忘相伴，也可以说，词语学习就是与遗忘做斗争的过程。中国有一句话，叫“一个耳朵进，一个耳朵出”，意思是“应该记住的东西没记住”。很多学生也常常抱怨“生词太多了，记不住”“一边记，一边忘”“记得慢，忘得快”“记得快，忘得更快”等。

遗忘是客观的，对任何人来说都是不可避免的。德国心理学家艾宾浩斯（H. Ebbinghaus，1850—1909）研究发现：输入的信息在经过人的注意过程的学习后，就成为人的短时记忆，短时记忆的东西如果不进行及时的复习，就会遗忘，而如果经过了及时和有效的复习，就会进入人的长时记忆，并保持很长时间。艾宾浩斯选用了一些无意义的音节对自己进行测试，发现了遗忘的一般规律：识记后短期内遗忘较多，过了较长时间后遗忘发展减慢了，即新近形成的记忆比历时较久的记忆容易遗忘。艾宾浩斯把他的实验结果绘成描述遗忘进程的曲线，这就是著名的艾宾浩斯记忆遗忘曲线。[①] 如图 1：

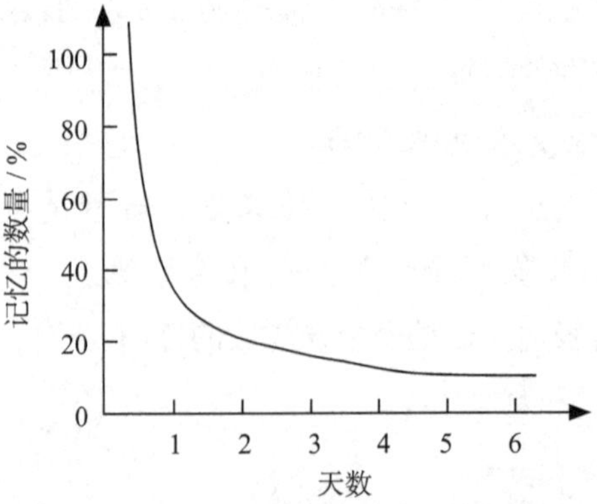

图 1　艾宾浩斯遗忘曲线

这个曲线告诉我们：遗忘不是均衡的，而是“先快后慢”。因此，对抗遗忘最有效的办法就是复习，及时的、有效的复习能帮助我们记得更牢、更长久。实验证明，一般情况下，一段材料记住后，在 5 分钟后重复一遍，20 分钟后再重复一遍，然后分别在 1 小时后，12 小时后，1 天后，2 天后，5 天后，8 天后，14 天后各重复一遍，就会记得很牢。

二、复习的原则

遗忘是有规律的，复习应该根据遗忘的规律来进行，不管是教师组织的复习，还是教师给学生的复习建议，都要遵循一定的原则进行。

1. 复习的时间间隔与频次应该与遗忘规律大体一致。遗忘是先快后慢，那么复习的时间间隔要先短后长，复习频次要先多后少。学过的知识要及时复习，多复习。比如当天学习的生词，应该在当天做一次复习，然后间隔两天再做一次复习。做生词卡片是一个很好的主意，可以时不时地拿出来复习。生词卡片的一面是拼音、注释，另一面是词语及其例句。如：

---

① 参见焦燕（2006）、梁静梅（2009）。

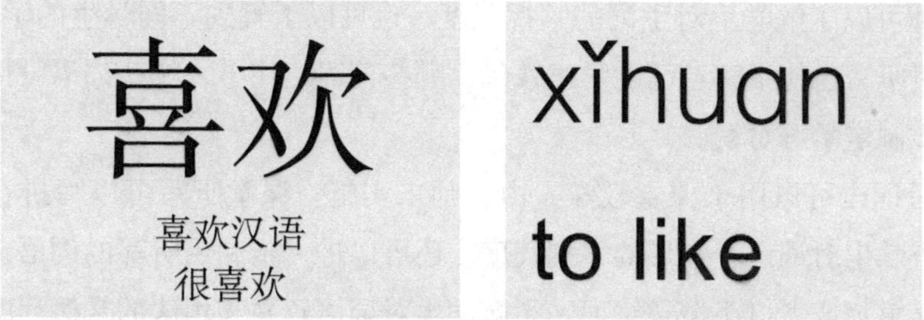

2. 复习时应该不同内容交替进行。交替进行才能让同一内容复习的时间间隔更短，频次更多。

3. 复习应该养成良好的习惯，形成科学的计划，并严格贯彻执行。不能三天打鱼两天晒网，也不能完全根据兴趣来。

4. 复习的时候应该把之前学习的内容融会贯通，使之系统化、综合化。平时学习，是一个知识点一个知识点学习的，这就难免显得分散和凌乱，通过系统复习，可以把平时学过的知识一点一点地“串”起来，这样，“串”起来的知识就比较系统了。“串”的过程其实也是一个对知识再认识、再加工、再理解的过程，这个过程对记忆有强化作用。系统复习次数越多，强化作用越明显，印象也越深刻。

5. “用”是最好的复习方法。学过的词语要多说、多用，学的目的就是“用”，学以致用，一边学，一边用，在“学中用”，在“用中学”。“用”能加强记忆、加深印象，所以说“用”是最好的复习。我们常常建议学生“记生词要一边念，一边写，一边想，一边造句”，我们也常常鼓励学生学习外语要“多听，多说，多写，多用”。

三、词语复习的常用方法

词语复习有教师组织的课堂复习，也有学生的自主复习。

复习是课堂教学的一个重要环节，它分每课的复习、单元复习、阶段复习和期末总复习等不同的情况。后三者的复习通常表现为一堂复习课。常用的复习方法有：

（一）听写词语

听写是督促学生学习的一种手段，也是检查学生学习效果的好方法，通过听写，教师可以了解学生对生词的掌握程度，也可以了解到不同学生的学习差异。学生通过听写也能了解自己的学习效果，哪些词语记住了，哪些词语没记住，从而进一步制定学习对策。

听写词语可以用于课堂教学，由教师来实施。课堂听写可以写拼音、写汉字，考查学生对词语音和形的掌握程度。还可以进一步利用听写的词语，让学生进行意义解释或者口头造句练习，了解学生对词语意义和用法的掌握程度。课堂听写之后一定要及时做出评价和反馈，帮助学生掌握自己的学习情况。

学习者自己也可以将听写作为复习手段。自主复习时建议一边想，一边写，也可以进行扩展、造句。可能的话，还可以进行一些联想练习。

（二）词语接龙

词语接龙适合多人集体进行，在课堂教学中由老师实施，或者学习者组织几个人自主进行。词语接龙有一定的比赛性质，比较容易激发学生的学习热情。词语接龙可以有不同的规则，规则的多少可以增加或降低比赛的难度，从而使词语接龙能够适用于多种层次的语言学习者。下面举几个不同难度的例子。

1. 词语接龙，规则是：后面的词语和前边词语的一个字的发音相同，声母、韵母必须相同，声调可以不同。这适合初级阶段的学习者，因为他们的词汇量有限，因此规则上不做严格的限制。如：中国—水果—睡觉。

2. 词语接龙，规则是：后面的词语和前边词语的一个字的发音相同，声母、韵母、声调必须相同，汉字可以不同，这里的限制稍微难一些。如：中国—钟表—中心。

3. 词语接龙，规则是：后面的词语和前边词语的一个字的发音相同，声母、韵母、声调必须相同，汉字也必须相同。如：中国—中间—房间。

4. 词语接龙，规则是：后面的词语的第一个字和前边词语的第二个字必须完全相同，也就是说，声母、韵母、声调必须相同，汉字也必须相同。中国—国家—家庭……

5. 成语接龙，规则是：后面的成语的第一个字和前边成语的最后一个字必须发音相同。如：意气风发—发扬光大—大有作为。

（三）词语联想

词语联想是帮助学习者建立汉语词汇网络的好方法，学习到一定的阶段，教师带领学习者或者学习者自主进行适当的词语联想，可以打通汉语词语之间的联系，建立汉语词汇库。随着学习时间的增长，学习者的词汇库会越来越大、越来越系统，学习者能更加了解不同词语的意义差异和使用差异，从而更熟练、准确地遣词用词。

词语联想是通过一定的联系把不同的词语组织到一起，进行识记、比较、使用。比如反义词、近义词、同音词、同形词等等。在这个过程中，学习者也能了解到汉语词汇组织的一些规律。如汉语词语释义大多与组成成分有关系，如“成果”是“成功的结果”，与“成”有关系，“结果”是“自然结出的”，与“结”有关系，“后果”是“做不好的事情以后带来的不好的结果”，与“后”有关系。了解了这样的特点，学习者可以自主进行学习和总结，实现“理解后学”，学习的效果更好。

（四）编故事或故事接龙

编故事或者故事接龙练习是一种把词语练习和表达训练结合在一起的练习方式。在学习完一课的生词或者学习一段时间的词语后，可以进行这项练习。练习开始时由教师给出起始句，给出要复习的词语，让学生编故事或者进行故事接龙。

这种方式可以让每个学生独立完成一个故事，也可以分组进行，或者轮流进行，一人一句，大家一起完成一个故事。这种练习方式适合各种水平的语言学习者。

（五）猜词秀

猜词秀一般分组进行，设计成比赛模式，这样更容易激发学生的热情，提高参与度。猜词秀的表现模式分为呈现和回答两部分。可以是教师呈现，学生分组抢答，如教师出示图片，学生回答，先答出的组加分，最后比较总分。也可以由每组轮流出一个人呈现，大家抢答。也就是说，规则的设计可以是多种多样的，只要适合当时的情况，能最好地实现教学目的就可以。

猜词秀的呈现方式可以有很多种，常用的有以下几种：

1. 通过释义猜词语；
2. 通过表演猜词语；
3. 通过外语猜词语；
4. 通过生词卡片猜词语；

5. 通过图片猜词语。

（六）词语练习题

词语练习题有各种各样的，通过多种形式的词语练习，可以增加词语的复现率，达到复习的效果。从学习者的角度来讲，学习的过程包括模仿、记忆、巩固和内化四个阶段。其中巩固的阶段主要靠大量的练习和复习来实现。

模仿：老师讲了以后，会带着学生练习，学生模仿，跟着老师练习，练习发音，练习词语，练习说句子，老师会一边练习一边纠正。

记忆：老师讲的时候，学生要能理解并记住所学习内容的意义、规则，并且能够在此基础上运用。

巩固：通过课堂和课后的大量练习和复习（机械的、半机械的、开放的），熟练掌握所学的词语、语法、句子等。

内化：将所学内容转化为知识 / 思维的一部分，学会用汉语思考，能够根据需要自如运用。

这四个阶段贯穿在每天、每周、每月的学习中。我们要注意的就是在“学中用、用中学”。

第④节 词语辨析

一、词语辨析的两种情况

为了实现表达的精准和细腻，语言中存在大量意义和用法相近的词语，词汇学上一般将这些词称为同义词或者近义词。这些词是学生容易混淆、容易犯错误的词语。除了汉语中的同义词、近义词以外，还有一些词虽然在汉语中基本意义相差较大，但外国学生也容易混淆，如“商量”与“讨论”，“紧张”与“担心”

等。学界将二语学习者容易混淆的词统称为“易混淆词”，易混淆词的辨析是汉语词汇教学的重点和难点之一。

在实际教学中，易混淆词辨析有两种情况：

一种情况是主动的词语辨析。语言中某些词语的意义和用法是易混淆的，教师为了更好、更清楚地讲解某个词的意义和用法，需要主动联系其他有关的词语进行比较。俗话说“理越辩越明”，词语也是这样。这种主动式辨析既是词语教学和学习的方法，也是一种总结、复习的方法。有经验的教师能预测到学生可能问到的问题并提前进行准备。

另一种情况是被动的词语辨析。在词语教学过程中，老师常常遇到学生问“某某词跟某某词一样吗？”这样的问题。比如学习“只是”的时候，学生可能问“‘只是’和‘只’有什么不一样？”，学习“时候”的时候，学生可能会问“‘时候’和‘时间’有什么差别？”，学习“认为”的时候，学生可能会问“‘认为’和‘觉得’‘想’有什么区别？”。这种非主动进行的辨析可以视为被动辨析。

学生提问的词语在意义上可能是有联系的，如“时间”和“时候”，也可能是没有什么联系的，比如课堂上曾经有学生问“‘方便’和‘舒服’有什么不一样？”。为什么问出这样的问题，是因为在某种情况下，可以用“方便”，也可以用“舒服”，如“这样的椅子很方便”“这样的椅子很舒服”。虽然都可以说，但两个句子意义不同，学生有时理解不到其中的差异，对此，教师只需要讲清楚这两个词在意义上的不同就可以了。“方便”是因为有条件，所以做什么“方便”，比如说“学校里有很多商店，所以买东西很方便”，再比如说“学校附近有很多饭馆，所以吃饭很方便”，而“舒服”是“身体或精神上觉得好”，比如“今天天气不冷不热，很舒服”“坐在沙发上很舒服”“听到朋友说他好，他心里很舒服”。

不管是主动的词语辨析，还是被动的词语辨析，对汉语教师都是一个考验，教师要做的就是想办法说清楚两个词的“同”与“异”。可以说，词语辨析能力是汉语教师的一项基本功，这是一项综合素质，既包括知识层面，也包括方法和能力层面。第一，汉语教师应该具备一定的语言知识积累，如汉语词语知识与语法知识；第二，汉语教师应该了解并掌握一些词语辨析的方法和路子，能一下子找到两个词最大的差异点，否则面对学生的问题，可能会无从下手；第三，汉语教师应该具备“把复杂的问题讲简单、讲清楚”的能力，能敏锐地感觉到学生的实际语言水平，使用适合学生水平的语言和合适的方法讲清楚不同词语之间的差别；第四，汉语教师应该具备一定的应变能力，一般来说，在汉语中意思相近的词语教师可能会有所准备，但意思差异较大的词语教师很难准备，这需要教师具有一定的应变能力，能在最短的时间里抓住两个词之间的最大差异点，即使真被学生问住了，采取一定的应变策略也是可以补救的，如果一时想不清楚或说不清楚，可以把问题先搁置一下，切忌乱讲，以免误导学生，可以坦率地告诉学生，这个问题提得很好，老师以前没考虑过，研究清楚以后再告诉大家，当然这不应该是敷衍之辞，事后需要进行认真的研究。

二、哪些词语需要辨析

无论是主动的词语辨析还是被动的词语辨析，教师首先要知道哪些词需要进行辨析，哪些词语学生可能会问，哪些词语学生容易混淆，做到“心中有数”，这样才能做好充分的准备。

一般来说，词汇教学中“意义和用法有重叠”的词语要进行辨析，有联系的词语也需要进行辨析。具体说来，下面这些词语教师需要特别注意，因为它们可能成为易混淆词。

1. 意义相同或相近的词语。如：

聊天—谈话　　觉得—认为—以为　　爱—喜欢

快乐—高兴—愉快—欢乐—幸福　　真的—确实—实在

2. 有共同语素的词语。

有共同语素的词语，形式上就是有共同的汉字，那么意思上一般也有一定的联系。如汉语中存在很多单音节词和同义的双音节词。

书—书籍　　船—船只　　纸—纸张

打扫—扫　　倾听—听　　学习—学　　预订—订　　真实—真

单音节词和同义的双音节词在使用上有一定的差别。以音节限制来说，汉语词语的组配受音节的限制，一般以“1+1”“2+2”为常见，比如可以说“扫地”，不能说“打扫地”，但是“打扫房间”可以说，而“扫房间”一般不说。“预订机票”可以说，“预订票”一般不说，而“订票”常常说。再如“真实故事”能说，但“真实事”一般不说。

一些副词的简单式和重叠式也是学生常问的。如：

常—常常　　　　明—明明　　　　偏—偏偏

具有相同语素的双音节词也很多，有时候甚至可以串起很多词。如：

结果—后果　　　　解释—讲解　　　　办法—方法

老实—实在　　　　确实—实在　　　　一起—一块

感到—感动—感觉—感想—感受

3. 译词相同的词语。

初级阶段的汉语教材，词语基本上用外语翻译和注释，有些词语在意义上相同或相近，外语翻译也是一样的，学生往往据此认为这样的“同译词”意思是相同的。但实际上，大多数同译词在汉语里是不完全一样的，有的甚至相差较远，特别是用法上，这就需要进行辨析。比如，“想”“觉得”“以为”“认为”在很多教材中都注释为“think”，在教学中就需要对这组词进行辨析。再如“还是”和“或者”，一般教材都注释为“or”，可是二者用法差别很大，需要辨析。再如“又”“再”都注释为“again”，但实际用法不同，也需要辨析。

要特别注意那些外语中“一个词”对应汉语中多个词的情况，即一对多的词语，如“happy”在汉语里的对应词很多，有“高兴—快乐—愉快—欢乐—幸福”，如果只看教材的注释，学生容易以为这些词的意义是完全一样的，可实际上在汉语里这些词的意思不完全相同，用法也不完全相同。

4. 具有相同语法功能的词。

汉语的程度副词有“有点儿”“比较”“很”“非常”“特别”“相当”“太”等，是一个封闭的类，有共同的语法功能和分布，可以集体学习，一起辨析，特别是那些程度接近的词语，更要进行辨析，比如“怪”“挺”“真”“很”等。程度副词中，那些表达主观情感的词语，如“真”“可”“好”等，与“很”的差别也非常值得注意。

转折连词汉语里有几个，但转折程度不同，如“但是”“可是”“只是”“不过”“就是”等，也是学生常常问的问题。

再比如语气词，也是一个封闭的词类，具有相同的语法功能，一些表达近似语气的词常常容易混淆，是汉语学习的一个难点，如疑问语气词“吗”和“吧”，“吗”和“呢”。

5. 汉字字形相近的词语。

字形相近的词语，学生常常混淆，也会常常提问。如：

既—即　　　像—象　　　练—炼　　　己—已

6. 多音字或词。

有多个读音的字或词，也可能是学生容易混淆的。如：

得 děi—de　　着 zhe—zháo　　好 hǎo—hào

三、词语辨析的角度

易混淆词在三个方面存在差异：（1）语义层面，（2）语法层面，（3）语用层面。因此可以从这三个角度出发进行词语辨析。①

（一）语义角度的辨析

词语的意义包括基本义和附加义两个部分，附加义又有感情色彩、语体色彩和联想色彩的区分。词语辨析时可以分别从这些角度寻求词语的“同”与“异”。就基本义而言，易混淆词有三种类型：

1. 语义相同或相近的。语义完全相同的词语不是很多，如：礼拜—星期、单车—脚踏车—自行车、马达—发动机—引擎、维他命—维生素、离别—别离。语义相近的词语比较多，如：关于—对于、差不多—几乎、老实—实在、读—念等。拿“后果—结果—成果”来说，“后果”是不好的结果，“成果”是“经过努力得到的好的结果”。

2. 语义部分相同或相近。词语的语义是以义项的形式存在的，有的易混淆词的语义只是在某个义项上相同或相近，在其他义项上不同。如“只”和“就”，在“我只有 100 块钱”和“我就有 100 块钱”中语义相近，是“only”的意思，而除此以外，“就”还有很多别的意思。

3. 语义基本不同，只是因为字形相近，使得学生以为它们意义相同。如“即”和“既”。通过词的基本意思的对比可以将一些形似实异的词区别开。如“即”表示在某种情况或条件下会怎么样，相当于“就”；“既”则表示“已经”的意思。

（二）语法角度的辨析

语法层面易混淆词的差别主要体现在：（1）词性，（2）搭配和分布，（3）句法功能和句法环境。

① 本节参考了苏英霞《汉语学习者易混淆虚词的辨析视角》，发表于《汉语学习》2010 年第 2 期。

有些易混淆词语义基本相同，但词性不同，所以句法功能和分布也不同。如：

“刚”和“刚才”。

“刚”是副词，用在谓语动词的前边，如“他刚走”“我刚吃过饭”。

“刚才”是时间名词，和“明天”“昨天”“星期六”一样，可以放在句子的前边，也可以放在谓语动词的前边。如“刚才他买了一件衣服 / 他刚才买了一件衣服”“刚才他来过 / 他刚才来过”。

“忽然”和“突然”。

它们在做副词时意义和用法基本相同，最大的不同在于“突然”还是形容词，因此可以说“事情发生得很突然”，不能说“事情发生得很忽然”。

“但是”“可是”“不过”与“倒”“却”。

它们都可以表示转折。前者是连词，使用时应放在主语前；后者是副词，使用时应放在主语后。比较：但是他不明白 / 他倒（却）不明白。

有些易混淆词词性相同，但出现的句法环境与分布会存在不同。如：

“吗”和“呢”。

“吗”和“呢”都是疑问语气词，但是分布不同，“吗”用于一般疑问句，如“你好吗？”“你是中国人吗？”，“呢”用于特殊疑问句和省略问句，如“你干什么呢？”“他是哪国人呢？”“你呢？”等[①]。

“还是”与“或者”。

“还是”和“或者”在一般教材上的注释都是“or”，用于表达选择，不过它们的分布完全不同，“还是”只用于问句和对它的回答，而“或者”不用于问句。比较：

A：我们怎么去？坐公共汽车还是打的？（× 或者）

B：还是打的吧。（× 或者）

明天我打算去故宫或者颐和园。（× 还是）

“厉害”和“要紧”。

“厉害”和“要紧”都是形容词，用于说明病情时都表示病情严重[②]，不过使用的句法框架不同。“厉害”一般用于“S+ 病类动词 + 得 + 厉害”，如：

他病得很厉害。

他肚子疼得很厉害。

---

① 除了表示疑问语气以外，“呢”还有加强语气的用法，如“我正在学习呢”。

② 它们都还有别的义项，可以用于其他方面。

也可以用于“S的病+厉害”的句法框架，如：

他的病很厉害。

他的感冒很厉害。

而“要紧”一般用于“S的病+要紧”的句法框架，不用于“S+病类动词+得+要紧”的句法框架，而且一般只用于疑问和否定。如：

他的感冒不要紧。

你姐姐的病要紧吗？

*他感冒得很要紧。

*他头疼得要紧吗？

有些易混淆词意义相同，词性相同，可是搭配不同。如：

“据”和“根据”。

“据”常跟“某人说”“某人看来”之类的小句组合，用“根据”时，通常要把这种小句改为名词性短语，如：

据他说，事情是这样的。/根据他的说法，事情是这样的。

“感觉”与“感到”。

“感觉”做动词时与“感到”意义相近，词性相同，句法功能相同，不过搭配不同。“感觉”用于“某人+感觉+形容词”的句法框架中，框架中的形容词多是感觉类的形容词，表达感觉的结果，如“冷”“舒服”“饿”“渴”“累”“酸”“甜”“苦”“辣”“咸”“热”“凉快”“晕”等。

我感觉有点儿冷。

我感觉很舒服。

我感觉比较累。

“感到”也用于“某人+感到+形容词”的句法框架中，但这里的形容词主要是情绪类的形容词，如“高兴”“愉快”“幸福”“开心”“难过”“伤心”“悲伤”“悲哀”“自豪”“光荣”“骄傲”“绝望”等。

他感到绝望。　　　　（×感觉）

我感到很幸福。　　　（？感觉）

我为你感到高兴。　　（×感觉）

（三）语用角度的辨析

在语用层面辨析易混淆词主要要考虑词语的语体色彩、感情色彩、人际色彩和语用色彩。

语体色彩指的是词语因经常用于某类场合而带有的语体上的色彩，场合和语体具有密切的相关性，“在什么山唱什么歌，见什么人说什么话，什么场合说什么话”，这是语言交际成功的重要要求，同样的一个意思，语言准备了适用于不同场合和带有不同色彩的词语供人们选择，一些词语因为常常用于非正式的场合，具有明显的口语色彩，有些词语因为常常用于正式场合而具有书面语色彩，可以认为，场合和语体是一个问题的两个方面。如“明”“明明”“显然”都可用于说明明确的事实，不过“明”“明明”一般用于非正式场合，具有口语色彩，而“显然”一般用于正式场合，具有书面语色彩。再比如“因为”和“由于”，都表达原因，不过“因为”一般用于口语，“由于”一般用于书面语。

下面的词语，越往左，口语性越强，用于非正式场合，越往右，书面性越强，用于正式场合。

不见得—没准儿—说不定—不一定—有可能—不肯定

准——一定—百分之百—肯定—绝对

找到—发现

说—讲—讲解—解释

买—购买

卖—销售

关—关门—关张—倒—倒闭—破产

还是—仍然—依然

怎么—如何

一般来说，汉语里的近义词，长度更长的词语书面语色彩更强。如“信—相信”“新—崭新”“好—良好”“天儿—天气”“买—购买”“忘—忘记”等[①]。

感情色彩指的是词语包含的说话人的主观评价和感情倾向，有些词语是褒义的，有些词语是贬义的，有些词语是中性的。比如“成果—后果—结果”就分别是褒义词、贬义词和中性词。感情色彩是固化在词语上的一种附加的意义，是词义的一部分，选择不同感情色彩的词语可以表达说话人不同的感情和倾向。比较：

他死翘翘了。

他完蛋了。

他完了。

---

① 也有一些例外，如“已—已经”“曾—曾经”“应—应该”，是长度短的正式一些。

他死了。

他去世了。

他离开了我们。

同样是表达“死”的意思，“去世”“过世”“离开”“走了”等说法比较尊重逝者，而“完蛋”“咽气”“蹬腿”“嗝屁”“翘辫子”等则充满恨意。

人际色彩指的是词语在使用人的性别、年龄、势位、行业等方面表现出来的色彩，包含两方面的意思：一方面，有些词语只用于特定的人群或特定的关系，对一类人能用，对另一类人不能用，有些词只用于男性，如“帅”“壮”等，有些词一般用于女性，如“漂亮”“苗条”，有些词一般用于孩子，如“可爱”，敬辞则用于低势位的人对高势位的人，如“您”“贵（您贵姓）”“高寿”等；另一方面，有些词语只能由特定的人群使用，比如“哎呀”“哟”“可”等常常是女性人群使用，如果男性使用这些词，则会显得有些怪怪的，江湖黑话一般由江湖中人使用。

语用色彩指的是叙述、描写、说明、论述、命令、疑问、否定等语用功能环境。有些词语多用于叙述语境，如“连忙”“突然”“后来”“当时”等，有的词语多用于互动的对话语境，如“真”“可不是”“真是”“可（可漂亮了）”“当然”等，有的词语多用于命令，如“马上”“立刻”等，有的词语则多用于疑问和否定语境，如“要紧（用于病）”。下面看几个例子：

“连忙”和“马上”。

它们的意义都是“很快做什么”，不过“连忙”必须用于叙事语境，叙述过去发生的情况。它的使用环境是：发生了事情 A，S 连忙做事情 B，事情 B 是自然的反应或采取的应对措施。如：

昨天晚上，我做作业的时候，突然停电了，我连忙点上了蜡烛。

有一天晚上，叶公正在看书，突然听到有人敲门，他连忙去开门。

因此，对于“连忙”，最核心的其实就是两点：一、用于叙述过去的事情；二、用于事件链中，一定是 A 事件使得某人采取 B 行动。

“马上”既可以用于叙事语境，上边的例子都可以替换成“马上”，也可以用于“命令”语境。如：

A：你马上把这几份文件打印出来。

B：好的，我马上去办。

“要紧”和“严重”。

“要紧”和“严重”用于说明病情时，意思是一样的，不过使用环境不同，“要紧”一般只用于疑问句和否定句，“严重”则都可以。比较：

A：大夫，我的病要紧吗？　　　　　　（严重）

B：你的病不要紧。/？你的病要紧。　　（严重）

他病了，他的病很严重。　　　　　　（×要紧）

四、词语辨析时解释的有效性

汉语教学的词语辨析有两难：一是自己辨析清楚词语的异同，二是向学生解释清楚词语的异同。自己清楚是一回事，让别人清楚是另一回事。尤其是初级阶段的学生，汉语水平有限，要听懂复杂的解释是很困难的，因此，解释词语时一定要注意解释的有效性。所谓解释的有效性，是指教师在词语辨析时采用的词语、语法形式、解释方式等应该符合学生的汉语水平和接受能力，使学生听懂、理解并能够运用。具体来说，词语辨析时要特别注意解释时使用的词语和语法句式，不能用生词解释词语，不能使用过于专业的词语，不能使用没学过的语法句式，不能把简单的事情说复杂了。辨析时，可以采用举例、画示意图、设置情景等方法辅助说明词语的意义和用法。如我们之前举过的这个例子：

学生：老师，“也”和“还”有什么不一样？

老师：“也”表示动作的重复，比如“他买了，我也买了”，都是“买”，动作重复了。“还”表示添加，比如“我买了一件衣服，还买一件衣服”，就是再添加一件衣服的意思。

先不论“‘也’表示动作的重复……‘还’表示添加”这样的解释对不对，这里解释的用词是一个很大的问题。“又”和“还”在学习的入门阶段就会学到，在这个水平上，学生一定听不懂“表示”“动作”“重复”“添加”这些词，因此这样的解释是无效的。

课堂教学中的生词教学

第4章

第①节 课堂生词教学的特点

一、课堂教学的基本环节

课堂教学具有严密的计划性和高度的组织性，教学环节、步骤、课堂教学活动等内容在教师备课时都已经设计好了。不同的课程虽然教学目的、教学大纲不同，教学方法也可能有所不同，但基本的教学环节，大体上是一致的。一个完整的课堂教学过程通常分为组织课堂、检查（如检查预习情况、检查作业）与复习、新课教学、小结和布置作业 5 个环节。其中新课教学是最主要的环节。

在汉语教学实践中，教学安排上通常是一次课为 2 课时，因此教学设计上通常也以 2 课时为一个单位来设计课堂。组织课堂是课堂准备活动，一般包括问候、宣布上课、点名和考勤以及简单的纪律整顿等内容，目的是使学生的注意力完全转移到课堂上，为下一步的课堂教学做准备。一般来说，点名和考勤是必要的，是学习纪律的一种有形的督促，可以减少迟到和缺勤现象。

检查和复习环节的目的是检查学生对前一课或前边所学内容的掌握情况，检查和复习的内容包括上一课的作业或布置的任务、重要词语、重要语言点、表达项目等等。通过检查和复习，可以了解不同学生个体在学习的努力程度和学习态度上的差异，从而进行有针对性的教学。检查和复习也可以进一步反映学生对之前学习内容的掌握情况，从而便于教师对下一步的教学内容做出适当的调整。

新课教学是一堂课中最重要的一个部分，主要包括话题导入、生词教学、语言点（基本句型、常用句式、语法等）教学、课文教学四个环节。在新课教学中，讲和练是紧密结合的，要做到精讲多练。“讲”使学生理解，“练”使学生巩固和提高，并达到“学以致用”的目的。

小结的目的是让学习目标更明确，让学习重点更突出，让学习内容更有条理。

作业环节是教学中必不可少的，布置作业的目的有两个：一是帮助学生巩固提高，达到内化；一是通过作业得到反馈，了解学生的学习情况。根据不同课型的特点和不同的教学目的，可以设计不同形式的作业。一般来说，综合课有书面作业，如写作文、造句、写生词、写汉字，也有口头作业，如讲故事、说新闻、改编课文（如把叙述课文改为对话），有机械性的操练作业，也有交际性的表达作业。口语课的作业一般为口头交际作业，通常是任务式的，如讲一个新闻、讲一个故事、做一个口头报告等。

二、生词教学在新课教学中的位置

课堂教学中的生词教学有两个目的：一是为进一步学习本课的课文、对话、语法及完成课后练习扫清障碍；一是帮助学生学习新词语，提高词汇量。

课堂教学具有高度的计划性和严密的组织性，教材和教学活动的设计严格按照一定的教学计划进行，有专门的教材和教学进度，教学环节和教学步骤有严格的组织和规则，这就决定了课堂教学中的生词教学不是随意的，而是整个教学环节中的一环，必须和其他环节紧密结合，做到环环相扣。

生词教学是为课文教学扫清障碍的一环，在顺序上处于课文教学前边，一般也处于整个新课教学的最前端。生词教学环节与语法教学环节可以有不同的设计，或者生词先于语法，或者语法先于生词。目前比较常见的是前者，生词教学先于语法教学，这样操练语法的时候可以更方便地把生词嵌入语法教学中，提高生词的复现率，从而达到复习和练习的目的。

三、生词教学的方式

目前的教材，无论是口语课，还是综合课，一般一课都安排2—3段课文或者对话，但生词基本上都采取集中呈现的方式，即把全部课文或对话的生词放在一起。初级阶段每课的生词量会随着学习者汉语水平的提高而递增，开始的时候在10个左右，然后上升到20个左右，最后稳定在30—40个。除了全部课文或对话的生词之外，常常还有补充生词，这是课后练习中出现的。在生词教学中，有两种解决方式：一是集中式，即一课的全部生词一次性讲完；一是分离式，把各段课文的生词单独拿出来讲练，先讲课文一的生词，然后讲课文一，再讲课文二的生词，然后讲课文二，依此类推，补充生词进行分配，放到课文一、二、三的生词中处理。集中式的好处是在某一段时间里集中时间、精神解决一个问题，专注性比较高，教学环节少，更清楚。坏处是生词量过大，容易造成学习和记忆负担，同时集中处理会使生词环节时间延长，造成学生的疲倦感。分离式与集中式相反，好处是生词处理与课文紧密结合，容易导入课文，容易操练，而且每一次的生词量较少，与课文交替进行，形成一张一弛的节奏感。坏处是如果处理不当，生词 1—课文 1—生词 2—课文 2 的切换过于频繁，跳跃性大，会显得凌乱，使课堂结构不够明晰。再加上如果多媒体使用不当，学生在多媒体课件和课本之间的转换也会比较混乱，从而造成学生无所适从的现象①。

生词教学设计时选择集中式还是分离式，可以根据实际情况而定。目前的汉语教学实践中，分离式使用得更加普遍一些。

生词教学的方式不是固定的，一成不变的，无论采取什么方式，都是为教学目的服务的。生词教学中适当适时做一些变化，往往能取到意想不到的效果。目前国内的汉语教学主要采用课堂讲练的方式处理生词。在国外有一种任务式自学方式，即教师设计好多种生词任务和练习，要求学生自主完成生词的预习和学习，而课堂上教师只做学生学习情况的检查，然后根据检查情况适当答疑解惑或者讲练部分生词。这种方式可以节约课堂生词教学时间，同时也能提高学生自学的能力，缺点是学生可能存在"假会"现象，即教师根据学生完成练习的情况判定学生掌握了某个或某些生词的用法，但学生可能是通过词典、猜测或者其他途径完成的，实际上他可能并不真正了解这些词语的意义和用法，更谈不上会用。

四、不同课型中的生词教学

目前的汉语教学多采取分课型的课程设计模式，按照不同的语言表达功能分技能设课，一般分为综合课（有的机构称精读课）、口语课、听力课、阅读课等。每门课程的教材在编排上基本上都有生词，因此都存在生词教学环节。不过，不同课程的生词教学的教学目的是不同的，因此采取的教学方法、教学步骤也有所不同。也就是说，生词教学要适应不同课程的教学目的和课型特点。

一般来说，一个词语具有音、形、义、用四个维度，掌握一个词语的标准是：辨其声（听得懂、读得出）、识其形（认得出、写得出）、通其意、达其用。不同生词学习后应达到的要求在不同课程里是不一样的。综合课和口语课的生词

① 不只是生词教学存在这种现象，任何环节的教学都可能存在这种现象。教师在教学设计的时候一定要注意明确什么时候让学生看书，什么时候让学生看 PPT 演示，同时要注意纠正学生错误的学习习惯。

教学既有为课文学习扫清障碍的目的，也有增加词汇量的目的，因此要重点讲，多讲，详讲，既要讲，也要练，讲练结合。综合课的生词教学要完成生词音、形、义、用的综合任务，学习后要求学生会读、会认、会写、会用；口语课的生词教学要求学生学习后“识其形、通其意、达其用”，因此在教学中应该更加重视情景操练。

听力课和阅读课的生词教学更多地是为扫清学习障碍服务的，不一定要求学生掌握。因此在教学上基本从简、从略，只做领读、简单讲解、简单示例等处理。为了体现听力课的特点，生词教学也可以放到“听”的练习中完成，如设计一些含有生词的句子，让学生听，然后找出本课的生词。

第②节 生词教学环节与教学设计

生词教学一方面是为了扩充词汇量，一方面是为进一步学习课文扫清障碍。生词教学要帮助学生识记、明白词义，了解用法。为了达到这些目的，生词教学应该遵循一定的环节和步骤，帮助学生一步步达到会读、记住、理解、会用的要求。

一、听写生词[①]

听写是一种检查手段，常常用来检查学生是否掌握了所学的内容。听写一般以词语为单位，有时候也会安排听写句子。此外，检查生词预习的情况也可以采用听写的方式，不过听写生词前必须要求学生预习生词。根据教学的实际情况，如教学目的、课型特点、学生情况等，听写可以有不同的要求和不同的操作。

① 听写可以根据课型而定，实际教学中，一般综合课有听写，口语课、听力课等不安排生词听写。

（1）只听写拼音。学生到黑板前写拼音，听写完成后一起纠正，然后领读、齐读或者让学生个别读，最后利用拼音板书进行生词教学（讲、练）。适用于拼音阶段中、后期的生词听写教学，对汉字基础很差的欧美班或者不学习汉字的特殊班也很适用。主要目的是帮助学生正音，形成汉语语音概念，训练学生的听音、辨音能力①。（2）只写汉字。听写完成后带领学生一起纠正，纠正后认读，进行生词讲练。适用于拼音阶段后期的生词听写，主要目的是识记汉字，建立汉字与语音、词语的联系。（3）既写拼音也写汉字。拼音和汉字可以先后写，也可以同时写，然后一起纠正。纠正后，利用板书进行生词教学。

在听写的方式上，也可以有多种多样的设计，要求不同，目的也不同。（1）让所有的学生在本子上写，写完以后要交上来，作为一次课堂作业或者一次小测验，记录成绩。（2）让一个或多个学生轮流到黑板前写，其他学生写在本子上，然后一起纠正。（3）分组进行听写比赛，完成后可以一起纠正，当场给出成绩，也可以互纠互评，A组纠正B组的错误，B组纠正A组的错误，当场决出优胜组。

在纠正的方式上，可以是大家一起纠正，可以是指定纠正，比如指定某学生纠正或评价另一个学生的听写，也可以是互纠互评，A 或 A 组纠正 B 或 B 组的，B 或 B 组纠正 A 或 A 组的，还可以是自纠自评，听写后让学生自己打开书，纠正可能的错误。

如果是分组或者多个学生到黑板上听写，听写生词前，教师要根据当课生词的特点和讲练语法点及课文的需要事先安排好生词的顺序，并根据生词的难度与每个学生的特点，设计好分配给不同学生的词，比如汉字比较差的学生，分配给他容易一些的，汉字和汉语程度较好的学生，可以适当分配一些有难度的词，使每个学生都有较高的写出率、写对率，从而获得成就感，提高自信心。不管是哪一种操作方法，生词听写前，都应当提出明确的任务和要求，比如前一次布置作业时明确预习的范围、检查的方式等。生词听写后，留在黑板上的板书应该充分利用，可以以此板书为基础进行生词教学。

二、板书生词

如果不通过学生听写生词的方式呈现生词，教师就要提前板书好生词，可以

① 如果需要，正音后或者生词讲练结束后可以插入汉字环节，让学生尝试写出部分汉字，以激发学生对汉字的兴趣，并为此后的汉字阶段做准备。

使用主黑板，也可以使用小黑板，或者二者配合使用，如果使用 PPT，要提前做好 PPT 课件。教师备课时要提前设计好板书，如生词的顺序、不同生词的排列、拼音和汉字的呈现、生词与语言点的结合等，并预留好适当的空白。

安排生词的顺序和排列时可以结合课文的内容，按照故事的先后顺序进行，这样便于讲练时提前介入课文，引入课文，把每个生词的例句串起来，就是课文的内容。如《速成汉语基础教程：综合课本 4》① 第 3 课课文（一）的内容是这样的：

“假日旅游是贝拉的最大爱好。来北京两个月，她去过许多地方。她参观过北京世界公园，游览过长城和故宫；她曾经在颐和园的昆明湖划过船，也曾在动物园跟大熊猫照过相。可以说，北京的许多名胜古迹，都留下过她的足迹”。

板书生词时可采用下面的形式：

假日	旅游		
	曾经	过	许多
	参观		
	游览		
湖	划	船	
动物园		熊猫	
名胜古迹	留	足迹	

生词的顺序和课文的内容契合，生词的排列与本课的语法点“V+ 过”契合，教师给出句型，学生就能进行替换练习，可以激发学生的表达欲望，引导学生讲述个人经历，如“我（曾经）参观过故宫”“我（曾经）游览过长城”等。最后引入一个人物“贝拉”，就能形成课文的基本框架，实现从生词环节到课文环节的平滑过渡。有讲有练，机械性练习与开放性练习相结合，由单句到语段，再到语篇，循序渐进，最后形成表达框架，使学生既有话可说，说话的时候又有章可循。

生词的顺序和排列设计也可以围绕本课的语法点进行，按语法点的句型，把生词分门别类地安排到不同位置，形成不同序列，用于操练。如《速成汉语基础教程：综合课本 2》② 第 6 课“房间打扫得真干净”第一部分，该课的语法点是

① 郭志良、杨惠元主编，北京大学出版社，2007 年 9 月第 1 版。
② 郭志良、杨惠元主编，北京大学出版社，2007 年 9 月第 1 版。

“表示评价的‘得字句’”，句型是“$S_{\text{话题}}$+V+ 得 +……”，生词板书设计为三列，从左到右依次为：做话题的名词类、动词和评价类的形容词①。

（S	V）	得 （……+adj）
水果	洗	干净
东西	收拾	整齐
（房间）	打扫	（干净）
生日晚会	（准备）	（怎么样）
哎呀	糟糕	
蛋糕	（还没……呢）	
蜡烛		

正确的目的句：

（1）水果洗了，水果洗得很干净。

（2）东西收拾了，东西收拾得很整齐。

（3）房间打扫了，房间打扫得很干净。

然后，结合教室的实际情况，让学生进行开放性评价，如评价教室打扫得怎么样，让某学生在黑板上写个汉字，别的学生评价“他写得怎么样”，让某学生唱个歌，别的学生评价“他唱得怎么样”。

最后，把这些句子串联起来，就形成了课文的叙述框架。

三、朗读生词

这个环节的主要目的是帮助学生在词语形式与语音形式之间建立正确联系，因此在这个环节里最重要的任务是纠音，帮助学生建立正确的语音形式。一般的步骤是②：

1. 老师领读 1—2 遍，注意学生容易发错的音。

2. 学生个别读，注意纠音。

---

① 括号内的内容不是生词，是生词教学后的语法教学环节增补的内容，目的是使句型完整，然后进行机械训练。

② 这个步骤不是固定的，教师可以根据实际情况和教学目的改变顺序。目前比较普遍的做法是老师先领读，然后让学生读，然后再齐读，教师先领读的目的是正确输入。实际教学中，也可以先让学生读，然后纠正。这样做可以训练学生自主发音、自我正音的能力。

3. 老师领读难点音。

4. 学生集体读。

四、认读生词

这个环节是去掉生词的拼音后进行生词认读，目的是帮助学生建立词形与声音及意义之间的联系，识记生词。方法可以是老师指生词，学生齐认和个别认（独唱和合唱都要有），也可以是展示生词卡片，学生认读。

五、讲练生词

这是生词教学中最重要的部分。生词讲练是有选择的，一般的词、用法简单的词（如具体名词、简单动词、形容词等）可以不讲不练或只做简单的扩展。讲练重点要放在那些意义较虚、用法较复杂的词语身上。《汉语口语速成：基础篇》[①] 第 1 课的课文 2 中有这样一些生词：

发音　　关照　　同屋　　结束　　一边　　京剧　　从来

这里的“发音”“同屋”“京剧”可以不讲不练，或只是简单扩展为“我发音不好”“我的同屋”“看京剧、听京剧”等。

“关照”用于初次见面，扩展到“请多多关照”就可以了。

“结束”的用法不复杂，只给出简单例句就可以了，如“电影结束了”“这个学期结束了”。

剩下的“一边”和“从来”是用法上比较复杂的词语，应该多讲多练。同时，“一边”也是这一课的语言点之一。

“一边”必须连用，形成“一边……一边……”的关联结构，用于某人在做 A 的时候，也做 B。结构框架是：S 一边 A，一边 B。如：

妈妈一边做饭，一边和客人聊天。

他一边做作业，一边看电视。

应该告诉学生，这一结构的主语应该是“人”，动词应该表示可以控制的动作。下边的句子是错误的。

* 今天一边刮风，一边下雨。

---

① 马箭飞主编，李德钧、成文编著，北京语言大学出版社，2006 年 12 月第 2 版。

*他一边喝酒，一边脸红。

“从来”可以采用比较法，与“一直”“总是”等近义词语进行比较，告诉学生“从来”主要用于否定的情况，结构框架是：“S+从来不……”“S从来没……”。如：

我从来不抽烟。

我从来没去过那个地方。

重点生词要重点操练。生词的操练要注意节奏的控制。一般先机械地练，如重复老师的例句，然后有控制地练，如词语替换、完成句子等，最后过渡到开放式练习，完全放开，让学生自由创造，如造句、情景说话、情景对话等。

生词讲练时应该根据生词本身的难易程度给予不同生词不同的时间、力度、练习量。一般来说，容易的词语时间少，讲解少，练习少，快速地过，给1—2个例句就可以了。比较难、容易出错、易混淆的重点词要重点讲练，时间长，讲解多，练习多，既要精讲，更要多练，练习的方式也要考虑多样性。生词讲练是一个动态的过程，讲练时教师应该从学生课堂的实际表现中获得反馈，判断学生是否掌握了所学内容，从而及时灵活调整讲练计划，如果学生都懂了，可以缩短教学时间，减少训练内容，如果学生不懂，那么就要适当增加讲解和练习。

六、生词小结

生词讲练结束后，要进行生词小结。再一次带领学生认读一遍或几遍所有的生词。可以领读，也可以齐读。这个环节与生词朗读和认读环节不同的是，这次是扩展读，读的时候要把讲练时做的扩展或例句一并读出来。

第③节 生词教学示例

前面介绍了生词教学的一般环节，在教学中，可以根据实际情况，比如学生情况、教材情况、课型特点等，进行灵活而适当的调整。下面看一个口语课词汇教学的教案设计。

教材:《汉语口语速成：入门篇（下）》[①] 第17课课文一。

画线词语是该段课文的生词，一共6个，分别是：逛、裙子、顶、帽子、嗬、这么。

小叶：刚才你去哪儿了？
莉莉：我跟直美逛商店去了。
小叶：你买东西了吗？
莉莉：我没买东西，直美买了。
小叶：她买了什么东西？
莉莉：她买了三件衬衣，两条裙子，还有一顶帽子。
小叶：嗬，买了这么多！

生词教学的设计实例[②] 如下。

一、板书生词

（刚才）[③]	逛	（买）
（3）	（件）	（衬衣）
（2）	（条）	裙子
（1）	顶	帽子
嗬	这么	

说明：板书的生词在备课时就已经设计好了顺序和位置，在上课前板书在黑板上，如果使用PPT，需要提前做好。

二、检查预习与生词导入

教师导入语：刚才莉莉和直美去商店了。（出PPT，PPT上是莉莉和

① 马箭飞主编，苏英霞、翟艳编著，北京语言大学出版社，2005年9月第2版。
② 此教案根据北京语言大学汉语速成学院示范教案改编，“说明”部分为本书作者所加。
③ 括号内的为引入课文时加的。

直美逛商店的图片。）她们买什么了？看图片，这些是什么？（出 PPT，PPT 上是衬衣、裙子、帽子。）这些用汉语怎么说？（有的学生知道，有的不知道。）好，我们先来学习生词。

三、生词认读

1. 领读一遍：为学生提供正确发音的范式。

说明：初级阶段的生词认读最好以领读开始，除非有特殊目的的训练安排。

2. 个读：让学生一个一个地读，目的是考查学生的实际发音情况，从而进行有针对性的纠音和正音。在个读环节，纠音和正音是必不可少的，个别性的问题要个别纠，普遍性或者顽固的问题还需要增加专项发音训练。

说明：这个阶段的个读是有拼音的，让学生看拼音进行发音。个读选择的对象可以根据实际情况而定，如教师有目的地指定某几个学生，按某种顺序轮流，按国别选择等。某个学生个读的生词的数量可以是部分，也可以是全部，视实际情况而定，如学生总人数、生词总数、生词教学时间、学生的发音情况等。

3. 齐读两遍，第一遍有拼音，第二遍隐去拼音。

说明：齐读第一遍时教师要注意听不和谐音，如果发现要及时纠正，如领读一次，讲解发音方法等。齐读第二遍时隐去拼音，目的是认读生词，把注意力转移到生词的词形上，完成会认的任务。齐读第二遍时可以按照生词的排列顺序读下去，教师也可以根据情况随意指定某个词语让学生齐读，还可以结合起来使用，先按顺序读，再打乱顺序读。

4. 个读：指定几个学生认读生词。

说明：指定学生时可以根据学生的水平找程度不同的学生来进行，一般先找程度好一些的学生，然后找程度差一些的，最后找程度最差的，如果程度最差的学生也能完成认读任务，那么生词的认读问题就解决了。

四、生词讲练

1. 逛

～商店　～书店　～西单　～王府井　～一～　～了～

上周末我～商店去了。　　　　这个周末咱们～商店去吧。

刚才我在学校里～了～。　　　你可以在附近～～，等我下课。

说明：例句呈现以后，可以将领读、齐读和个读结合起来，提高学生整体的开口率。课堂教学中教师要注意点一面（学生个体与整体）的控制和调配。

（PPT 出逛商店的图片）

老师问：刚才直美去哪儿了？

学生：刚才她逛商店去了。

说明：练习的方式可以多样化一些，比如可以根据实际情况增加实际问答练习。如：

老师问学生 A：下课后你做什么？

学生 A：我去逛商店。

学生 A 问学生 B：明天你做什么？

学生 B：我去逛商店。

2. 裙子

一条～　长裙　短裙

×××（本班学生）的裙子很漂亮。

哪个国家的男人穿裙子？

（PPT 出买裙子的图片）

老师：直美买什么了？

学生：直美买了一条裙子。

说明：生词讲练阶段可以适当呈现课文的内容或句子，初级阶段甚至可以直接完全呈现课文里的句子，为下一步学习课文扫清障碍。

3. 帽子

一顶帽子

老师：××× 的帽子好看吗？

学生：××× 的帽子很好看。

（PPT 出买帽子的图片）

老师：直美买什么了？

学生：直美买了一顶帽子。

（补出“衬衣”）

4. 嗬

你看到什么，觉得很 surprised 的时候，你说：

嗬，你的裙子真漂亮！

嗬，你的帽子真好看！

老师：×× 的帽子 5000 块。

学生：嗬，×× 的帽子真贵！

5. 这么

这么＋adj/ 心理动词

他的帽子这么贵。

我没想到汉语这么难。

如果你 surprised，也可以说：嗬，……这么 adj。

（PPT 出大房间的图片）

老师：我们来看看 ×× 的房间。A，你来对 ×× 说。

A：嗬，你的房间这么大。一个月多少钱？

（PPT 出喝了很多瓶酒的图片）

老师：B 去 ×× 的房间，看到……怎么说？

B：嗬，你喝了这么多！

（PPT 出买了很多衣服的图片）

老师：C 去 ×× 的房间，看到……怎么说？

C：嗬，你买了这么多！

五、生词小结

教师再次领读生词，进行扩展读，带出短语和句子。

说明：生词小结在扩展读以后，可以利用 PPT 把直美逛街的故事呈现出来，要求学生叙述出来，然后从叙述体进入对话体。这样的设计在衔接上非常流畅。

以上这段标准的生词教学案例，具有这些特点：（1）环节清楚，分为检查预习、正音（领读、个读）、生词讲练、识记生词、综合操练等，步步推进，从而达到让学生音正、义通、能用、会认的目的；（2）生词讲练遵循从短语到句子，再到语段的顺序；（3）生词讲练多采用情景法，更注重词语的运用，激发学生表达，让学生开口说话，体现了口语课的特色和要求，教师有意识地用本班学生做例子，使情景创设更真实自然；（4）体现了精讲多练的原则，教师基本上没有解释词语的意义，而着重讲词语的用法，并创设情景进行多角度练习。

当然，不同教师的生词教学设计可能存在很大的不同，这都是很正常的现象。完全借用别人的、优秀的教案也不一定能上好课，因为教学是活的，要根据实际情况有所改变。不过，万变不离其宗，不论怎么变化，词语教学最终的目的都是相同的：让学生会认、会说、会用这些词语。我们的教学实践必须完全围绕这个目的进行，最后的效果也以是否达到这个目的来评定。

第5章

词汇教学案例分析

这一章我们将结合实际教学案例，对词汇教学实践中的一些实际问题进行分析和说明。

第1节　词汇教学中的几种关系

一、如何使词汇教学形似

之前我们谈的词汇教学的方法、词汇讲练的步骤、生词教学的环节，都是表面的、形式化的，可以称之为词汇教学的“形”。这些方法、教学环节、步骤等表现为一条条的规则和操作规程，掌握了这些规则和步骤，并且一步步地做下去，一堂课上下来就能有模有样。换句话说，这些规则和环节就像是一个葫芦，新教师照这个葫芦的样子去上课，基本可以画出个瓢。教学环节包括教学准备、教学实施、教学总结三个环节。拿一课的教学来说，有复习、学习新课和总结三个大环节，学习新课有词语学习、语法或语言点学习、课文学习和情景操练几个环节。每个大环节由若干个小环节支撑，这样一环套一环，环环相扣，循序渐进。词汇教学的“形”，就是教学的环节、步骤、包括它们的顺序，基本上是不变的，工厂生产有标准操作规程，教学也有自己的标准操作流程，这也是目前教学界大力推进教学规范化、标准化的基础。词汇教学的“形”是可以学习和借鉴的，是可以通过短期的教学实习、听课、教学指导、教学观摩、培训等方法速成的。这是目前各种师资培训班正在做的，也是能够做到的。当然，不同教学模式下词汇教学的环节、教学方法和步骤是不尽相同的。我们建议学习教学的人先从“形”入手，掌握词汇教学的基本模式、方法、环节、步骤等，先做到“形似”，这是一个基础。

二、如何使词汇教学神似

很多新教师或刚进入国际汉语教育这一行的教师常常有一些疑惑，比如说：

1. 我是完全按照标准教学环节一步步走下来的，为什么感觉效果不好？

2. 我借用了别人的一篇优秀教案上课，为什么效果却不好？

3. 以前用过的很好的方法，这次为什么效果不好？

这是因为情况“变了”，而我们没变。词汇教学有章可循，有“形”可依，教学像工厂一样有操作标准和规程，但与工厂不同，工厂生产的是标准化的产品，而教学面对的是活生生的人和千差万别、千变万化的情况，要根据人的特点和实际情况对教学做出一定的调整，因材施教，因人施教，因情施教。

词汇教学的目的是帮助学生掌握词语的意义和用法，通过讲练达到识记会用。词汇教学中，讲究环节、讲究步骤是很重要的，但不是最重要的，最重要的是“教会”学生，为了达到这个目的，教学方法、环节、步骤可以根据实际情况打散重装。词汇教学既要做到有“形”，也要做到有“神”，所谓教学的“神”，就是最优化，即灵活地把各种原则、方法、环节应用到实际教学中，根据实际情况选择最合适的方法，设计最优化的环节，达到最理想的效果。所谓教学有法，但无定法。教学的“形”就好像是“术”，教学的“神”就是“道”，“术”可以学到，而“道”则需要去修炼、去领悟。要获得教学的“神”，悟教学的“道”，需要有长期的教学实践经验，还要勤于思考，肯于钻研，此外，也要多与同行交流，获取好的经验。

三、词汇教学中的“不变”与“变”

词汇教学要达到“不变”与“变”的平衡和和谐。教学基本框架、环节、结构不变，而教学操作则要“变活”“变通”，随机而变，随人而变，随时而变，随课而变，灵活多变，千变万化。

拿随课而变来说，意思是课型不同，教学内容、教学目的、环节、步骤等也应该不同。综合课的词语教学要详，目的是识其形、解其意、通其用、写其字，音、形、义、用都要讲，都要练。口语课的词语教学更重视“通其用”，并且要在“学中用”。听力课的词语教学是为听扫清障碍的，能做到“识其形、解其意”就可以了。不了解这一点，口语课就会上得像综合课，听力课也会上得像综合课。

案例 1

听力课，根据教学计划，4 课时一课，包括生词 21 个，听前练习、精听材料 3 份，泛听材料 3 份。教师可以删减部分材料。

某教师的生词是这样处理的：

（1）读生词：先领读生词，然后让个别学生读，最后是齐读。读的过程中纠音。

（2）讲解生词：对每个生词进行了深入的讲解，既讲意思，也讲用法，还讲与之相关的词语，每个词语给出 3—4 个例句。

（3）操练生词：每个生词都结合 PPT 进行充分的练习，练习的方式也比较多样，有口头造句、完成句子、替换与扩展等。

下面是该教师讲解"菠菜炒鸡蛋"的过程。

领读"菠菜炒鸡蛋"。

老师：什么是"菠菜炒鸡蛋"？知道吗？

有的学生说知道，有的说不知道。（教材上有英文注释。）

老师："菠菜炒鸡蛋"就是用菠菜和鸡蛋一起炒。什么是"菠菜"？有人知道吗？

学生：不知道。

老师：菠菜是一种绿叶子的蔬菜，一般秋天很多。中国有一个成语叫"暗送秋波"，你们知道是什么意思吗？

学生：不知道。

老师：就是一个男人喜欢一个女人，或者一个女人喜欢上一个男人，看到他就送给他爱的眼神。现在有很多人很搞笑，不说"暗送秋波"，说成"送秋天的菠菜"。

学生：（没反应。）

老师："炒"是什么意思？

学生：fry。

老师：对，炒是 fry。不过汉语的炒和 fry 不完全一样。肯德基的 fried chicken 汉语说"炸鸡"，不说"炒鸡"（PPT 展示肯德基炸鸡）。这是因为中国菜很讲究，用了很多方法，比如炒、炸、煎、煮、蒸、烧、烤（板书），这些方法是不一样的。

老师：什么是"炒"？就是锅里放一点儿油，一边炒，一边翻（动作演示)。“炸”是锅里放很多油，然后把东西放进去(动作演示)，所以肯德基是“炸鸡”，不是“炒鸡”。“煎”是锅里放一点儿油，或者水，但是不翻，所以和“炒”不一样。“煮”是锅里放很多水，把东西放到水里，然后加热。“蒸”是锅里放很多水，水上边放上箅子(画图)，把东西放在箅子上边，然后加热。“烧”是“炒”以后，在锅里加上一些水和酱油，然后继续加热，常常也说红烧，比如红烧茄子(PPT展示)。“烤”是把东西直接放到火上加热，常常也说“烧烤”，比如韩国烧烤(PPT 展示烤肉)。

老师：“鸡蛋”是什么？

学生：egg。

老师：对，鸡蛋是egg，就是“鸡的蛋”(PPT 展示鸡蛋)。我给大家讲一个故事，大家听完以后回答我的问题。以前有一个外国人，他只会说一点儿汉语。有一天，他去饭馆吃饭，他想吃西红柿炒鸡蛋，可是他不会用汉语说，他说英语，服务员听不懂，怎么办呢？他很聪明，他一边学鸡的叫声“咯咯哒、咯咯哒”，一边做出鸡下蛋的样子，服务员终于明白了他要吃鸡蛋。

老师：1. 这个人汉语怎么样？ 2. 他想吃什么菜？ 3. 他是怎么让服务员明白的？ 4. 你觉得他聪明吗？

学生回答问题。

老师：你们吃过西红柿炒鸡蛋吗？

学生：吃过。

老师分别问不同的学生“西红柿炒鸡蛋好吃吗？”“在哪儿吃的？”“中国菜怎么样？”等问题。

数据统计：

读生词用时 5 分钟。

讲解西红柿炒鸡蛋用时 12 分钟。

讲解全部生词：86 分钟(近 2 课时)。

点评：该教师熟悉生词教学的模式和环节，做到了“形似”。首先，生词的处理环节清晰，有领读，有纠音，有讲解，有操练。其次，生词讲解深入透彻，旁征博引，联系广泛(如补充做菜的方法：煎、炸、煮、蒸等，并一一讲解)，既有语言知识，又有文化知识，显然在备课上下了很多功夫。再次，教学方法上使用了直观展示（PPT 展示）、动作演示，启发式问答和互动式操练等方法（比如问学生“西红柿好吃吗？”“在哪儿吃的？”等问题）。最后，教学设计上安排了一段有意思的故事，作为听力材料，体现了听力课的特色。

表面上看起来，这个案例生词处理的方法、环节都很好，但实际上这是一个失败的教学案例，因为:（1）教学设计没有考虑课型特点，即听力课的特点。听力课的课型特点要求生词教学的主要目的是扫除进一步的听的障碍，宜粗不宜细，简单的讲练即可，练习方式主要是听句子，回答问题。当然，即使是综合课，一个“西红柿炒鸡蛋”也不需要讲得这么透彻，这么详尽。（2）没有区分好重点生词与非重点生词，21 个生词用了 86 分钟，导致没有时间完成主要的听的任务。（3）“菠菜炒鸡蛋”的意义和用法不存在复杂的地方，即使是出现在口语课、综合课中，也不必做如此详尽的讲练。（4）没有做到“精讲多练”，相反教师基本上是一言堂。（5）教学不集中，东拉西扯的内容比较多，如“暗送秋波”和菠菜没有关系，告诉学生只会使学生感到混乱。

第 ② 节　词汇讲练案例分析

词语教学既要“讲”，也要“练”，要讲练结合。前面我们提到“讲”要注意做到“精、准、易、度”，而“练”要注意做到“优、适、活”。下面我们来分析一些实际的教学案例。

案例 1

词语：演员

课型：综合课

老师：你们知道中国最有名的演员是谁吗？

学生：不知道。

老师：是巩俐。巩俐你们知道吗？

学生：不知道。

老师：她拍过《大红灯笼高高挂》，灯笼知道吗？就是挂在门上的红灯笼。

学生：不知道。

老师：《大红灯笼高高挂》是巩俐演的。巩俐是中国最有名的演员。还有章子怡，她也是中国有名的女演员。你们知道章子怡吗？

学生：（有学生说不知道，有学生说知道。）

老师：她拍过什么电影？

学生：不知道用汉语怎么说。

老师：她拍过《英雄》，导演是张艺谋。张艺谋是中国最有名的导演……（开始介绍张艺谋和张艺谋的电影。）

点评：这个案例没有做到词语讲解的“精”，也没有把握好“度”。这位老师非常希望把课讲生动，因此举了很多鲜活的例子，巩俐和章子怡，是中国在国际上最有名的两位女演员，《大红灯笼高高挂》和《英雄》，是张艺谋非常有名的两部电影，特别是前者，在国际上也很有名，按道理拿这些做例子应该能引起学生的兴趣。但在词汇教学中，实际效果并不好，这要看具体的情况。第一，很多在中国我们认为响当当的人物和电影，在国际上不一定有名。就算很有名，对初级阶段的学生来说，因为看到的基本是英语版或英语字幕版的电影，所以不一定知道演员或电影的中文名字。第二，也许这位老师想把更多的相关知识和文化教给学生，让学生了解中国的知名演员，但很明显，这超出了学生的水平，所以得到的基本上都是“不知道”的回答。第三，生词教学的重点在于让学生了解词义并且会用，就“演员”这个词而言，只要让学生掌握“一个/位演员”“有名的演员”的搭配就可以了。第四，将语言教学变成文化讲座，有悖语言教学的“交际性”原则。

作为初级阶段的汉语词语教学，讲的更要少而精，举例也要少而精。教学中注意不要添加没有目的的教学内容。

案例 2

词语：经过

课型：综合课

某教师讲解“经过”。

1. 动词“经过”：

（1）在黑板上画一个路线图：北京语言大学—清华大学—北京大学。（路线图要设计学生熟悉的。）

老师提问：从北京语言大学去北京大学，要从哪儿过？

学生：清华大学。

老师：对，这时候我们用“经过”，可以说“去北京大学要……”

学生：去北京大学要经过清华大学。

（2）展示地图：坐火车从北京到上海。

老师：我们看地图，从北京到上海，坐火车要经过哪些地方？

学生：坐火车到上海要经过天津、济南、南京……

2. 介词“经过”（从动词引入到介词）：

老师：昨天我去买衣服，老板要500块，我讨价还价，半个小时后，砍到了230块。（图式：500→450→400→300→讨价还价→230。）我做什么了，最后砍到了230块？

学生：讨价还价。

老师：对。从500块到230块，经过了“讨价还价”，汉语里我们说：经过讨价还价，最后砍到了230块。跟我说。

学生：经过半个小时的讨价还价，最后砍到了230块。

老师给出结构：经过＋怎么做（……的V），＋结果。

老师：前几天我遇到一个问题，我研究了3个小时，终于明白了，怎么说？

学生：经过3个小时的研究，我终于明白了。

老师：我们学了多长时间汉语？

学生：3个月。

老师：学会了吗？

学生：学会了。

老师：你来北京3个月了，刚来时不会说汉语，你努力学习，现在学会了。用“经过”怎么说？

学生：经过3个月的努力学习，我学会了汉语。（几个学生分说，然后齐说。）

老师：要是用一年，你的汉语会怎么样呢？

学生：很流利！

老师：好，也可以说“能说一口流利的汉语”。用“经过”怎么说？

学生：经过一年的努力学习，我能说一口流利的汉语了。（几个学生分说→齐说一遍。）

点评：这个教学案例很成功，也很精彩，体现了从表达出发进行教学的思路。（1）“经过”的意义在初级阶段是不好解释的，这位老师没有解释意义，而是用图示的方法，通过情景引导学生发现“经过”的动词和介词用法。（2）通过动词的“经过”导入到介词的“经过”，步步推进，也解释了介词“经过”的来源。（3）对“经过”的讲解很精练，练习的设计也很典型，做到了讲练结合。

案例 3

某老师解释“匆忙”和“急忙”的区别。

学生：老师，请问“匆忙”和“急忙”有什么不一样？

老师：“匆忙”比“急忙”更匆忙。

点评：这样的讲解没有做到词语讲解的“准”，也没有做到词语讲解的“易”。也许我们语感上会觉得“匆忙”比“急忙”更匆忙，但是这样向学生解释是不准确的。另外，因为学生并不了解“匆忙”和“急忙”的意思和差别，自然很难理解“更匆忙”的意思。

类似的例子还有“忽然”和“突然”，有老师在解释它们的区别时说“突然比忽然更突然”。

案例 4

词语：结果

课型：口语课

某教师教“结果”，课文中出现的是“比赛的结果”。

该老师讲练完名词的“结果”后，给出了动词的“结果”。

老师：“结果”也可以做动词，意思是“杀”，如“我把他结果了”“小心我把你结果了”。

点评：这位老师没有把握好词语讲解的“度”。“结果”的动词用法不典型也不常用，可以不必给出。而且学生这个时候没有学过“杀”，这是用生词解释生词，学生也没有学过“把”字句，这是用新语法解释生词，这都是不合适的。

案例 5

某教师教“占”，举的例子是这样的：

我们班的麦克同学比较胖，一个人占了两个人的座位。

点评：这个例子语法上正确，语义上也没有问题，可是不合适，拿学生敏感的话题进行举例是很忌讳的。

案例 6[①]

词语：脸色

课型：综合课

教材：《速成汉语基础教程》综合课本第 3 册[②]第二课。

<PPT> S+ 脸色 + 很好 / 不好

（PPT 出示一张健康人的图片。）

（师生互动、看图说话。）

老师：他脸色好不好？

学生：他脸色很好。

老师：你们看，××× 的脸色怎么样？（××× 是本班的同学。）

学生：××× 的脸色很好。

（PPT 出示一张病人的图片。）

老师：他脸色怎么样？

学生：他脸色不好。

老师：要是他是你的朋友，你很关心他，你问他什么？

学生：你怎么脸色不好？（这是本课的目标句型。）

老师：对，非常好，我们一起说。

学生：你怎么脸色不好？

可补充：脸色发白、脸色发黑。

点评：这是一个非常成功的生词课堂教学案例。（1）老师利用 PPT 给出了“脸色”常常使用的典型句法环境“S+ 脸色 + 很好 / 不好”，便于学生识记。（2）老师没有解释“脸色”的意思，而是用图片导入，互动操练，节约了很多时间，这是因为提前要求学生预习了，学生已经知道“脸色”的意思。（3）在提问的设

① 本案例来自郑家平老师的教案《我特别喜欢夏天》，有少量改动。参见崔希亮主编《对外汉语综合课优秀教案集》，北京语言大学出版社，2010 年。

② 郭志良、杨惠元主编，北京大学出版社，2007 年 9 月第 1 版。

计上，老师第一次提问用的是“他脸色好不好”，“好不好”这样的问题对回答的指示性很强，学生只需要原样拷贝就行了。第二次提问老师用“他脸色怎么样”，这是一个变化，也是一个提升。（4）在操练的方式上，老师采用的是问答互动法，这种方法有助于增强学生的主动性，提高开口率。（5）在情景的设计上，老师先用图片创设情景，然后引入本班同学作为例子，增强了现实性。词汇教学的情景设计遵循了从虚拟到现实的顺序。

案例7①

词语：进行

课型：综合课

教材：《成功之路进步篇》第2册②，第十六课。

1. 展示：PPT依次由易到难展示出结构形式。

（1）会议、晚会……正在进行。

（2）进行+比赛、考试……

（3）对+宾语+进行+调查、讨论、批评、教育……

2. 操练：PPT左边先出现一个结构形式，右边再出现一个完成句子的练习，学生说出目的句，PPT依次展示出空缺部分。

（1）比赛正在进行，你看，马克唱得多好啊！

（2）老师说学完了这本书，我们要进行考试。

（3）这个计划不知道大家同意不同意，现在我们对这个计划进行讨论。

（4）奇怪，最近怎么没有人点这个菜呢？老板对顾客进行了调查。

3. 强调：“进行”的后面一般都是双音节动词。

点评：这是一个典型的形式导向的词汇教学案例，词语讲解最后归结到词语使用的几个典型句型上，很成功。（1）老师抓住了“进行”使用的特点，讲练精准。“进行”是一个形式动词，一般要和其他动词一起连用，常用于以上三种句型中。（2）三种句型的学习顺序是精心安排的，先易后难，循序渐进。（3）在讲解生词时，以短语为核心，将生词扩展为短语，进而扩展为句子，最后落实到课文中的句子上。运用这种方法，上接生词，下启课文，复现率很高，易于学生理解和掌握。

---

① 本案例来自于天昱老师的教案《喇叭盗窃案》，参见崔希亮主编《对外汉语综合课优秀教案集》，北京语言大学出版社，2010年。

② 张辉编著，北京语言大学出版社，2008年10月第1版。

初级阶段常见易混淆词辨析

第6章

变　变化

“变”和“变化”有共同的译词“change”，学生容易混淆。

辨析

（1）事物以前是一种情况，现在是另一种情况，可以说事物“变了”，也可以说“变化了”，日常生活中的事情多用“变”。此外，“变”通用于口语和书面语，在口语中更常用，而“变化”则多用于正式的场合。

①我的电话号码变了。（×变化）

②我们第一次见面时他不太热情，后来态度变了。

（也可以用“变化”，但在口语中更常用“变”。）

③世界经济形势正在向好的方面变化。

（也可以用“变”，但在正式的场合更常用“变化”。）

（2）“变”可以用于“自发性的变化”，也可以用于“致使性的变化”，常常和结果一起连用，说“S+变成+B”或者“S+变（得）+adj了”。如：

④现在问题变难了。/现在问题变得更难了。（自变化）

⑤她长大了，也变漂亮了。（自变化）

⑥把水变成油几乎不可能。（使变化）

（3）“变化”做动词，一般用于“自发的变化”，只能说“S+变化了”，不可以说“变化成……”“S+变化（得）+adj了”。如：

⑦现在情况变化了，我们得想别的办法。

⑧这里完全变化了。

⑨*人很容易变化坏。

⑩*她变化漂亮了。

（4）“变化”常常用作名词，可以说“发生/有了变化”或者“……的变化很大”等，“变”没有这种用法。

⑪这几年，中国发生了很大的变化。

⑫这些年，北京的变化很大。

⑬现在，情况有了新的变化，我们需要想想别的办法。

不　没

“不”和“没”都是否定副词，学生有时候会混淆。

辨析

（1）如果否定动词，“不”用于对现在或将来的否定，表示动作不会发生。如：

① 我不去。= 我不会去的。

② 今天不下雨。= 不会下雨。

“没”用于对过去的否定，表示过去的某个时间里动作没有发生。如：

③ 昨天我没去。

④ 今天的作业还没做。

过去的惯常行为用“不”否定。如：

⑤ 那时候我常常不吃早饭。

注意：无论是过去还是现在、将来，汉语的动词“有”要用“没”否定，不能用“不”否定。“是、知道”只能用“不”否定，不能用“没”否定。如：

⑥ 我没有那么多钱。

⑦ 他不是中国人。

（2）除了否定动词，“不”还可以否定形容词，形成“不 + 形容词”结构，表示人或事物不具有形容词所表示的属性。如：

⑧ 今天不热。

⑨ 我觉得汉语不难，发音不难，语法也不难。

“没”不能这样用。

（3）“不”还可以否定一些程度副词，形成“不很、不太、不怎么”结构。如：

⑩ 这件衣服不太合适。

⑪ 这方面我不怎么懂。

“没”不能这样用。

差不多 几乎

“差不多”和“几乎”有相同的译词“almost”，但用法不完全一样，学生很容易混淆。

辨析

（1）如果现在的数量离某个数量或标准差得不多，可以说“差不多”，常常用“差不多 + 数量”结构。如：

① 他今年差不多五十岁。

② 这个手机差不多 5000 块。

③ 现在差不多三点了。

这种情况下不用“几乎”。

“差不多”可以用在动词后：“V+ 差不多 + 数量”。也可以用在动词前：“差不多 +V+ 数量”。如：

④ 我这个月差不多花了 3000 块。= 花了差不多 3000 块。

⑤ 这个电话他差不多打了一个小时。= 打了差不多一个小时。

“几乎”则只能用在动词前。如：

⑥ 我几乎忘了。

⑦ 我几乎想不起来了。

⑧ 他几乎被吓死了。

（2）如果一个集团的绝大部分成员共有某个属性，可以说“S+ 差不多 + 都 +V”，这时候也可以用“几乎”。如：

⑨ 我们班的同学差不多都知道这件事。 （√几乎）

⑩ 北京的小吃我差不多都吃过。 （√几乎）

⑪ 我 5 年前学过日语，不过差不多都忘了。 （√几乎）

⑫ 这个地方变化太快了，我几乎都不认识了。 （√差不多）

常常 往往

辨析

（1）“常常”用在动词前，表达在一段时间里多次发生同样的事情。如：

① 来中国以后，我常常吃中国菜。 （× 往往）

② 他常常写汉字。 （× 往往）

③ 那个地方常常堵车。 （× 往往）

这种情况不能用“往往”。

当情况 A 发生，情况 B 一般也会发生的情形变成一种规律时，也可以用“常常”。如：

④ 人在非常高兴的时候，常常会跳起来。 （√往往）

⑤ 动物遇到危险的时候，常常感到不安。 （√往往）

这里的“常常”可以用“往往”替换。

（2）“往往”侧重于事情发生的规律性。表示在某个时候或某种环境、情况下一般会发生某事，是一种规律。如：

⑥ 打雷以后往往会下大雨。

⑦ 参加面试的时候，人们往往会感到紧张。

⑧ 周末，他往往带孩子去公园玩。

“往往”不用于“在一段时间里多次做同样的事情”的情况，如：

⑨ * 最近他往往迟到。

⑩ * 这几天他往往喝酒。

⑪ 天气不好的时候，人们往往会迟到。

⑫ 心情不好的时候，他往往会喝酒。

（3）“常常”可以用于过去的时间，也可以用于将来的时间。“往往”则不能用于将来发生的事情。如：

⑬ 过去写信人们常常用毛笔。（√往往）

⑭ 欢迎你有空的时候常常来我家玩。（×往往）

次 遍

“次”和“遍”都是动量词，学生容易混淆。

辨析

（1）做事情从开头一直到最后做完，这样的一次叫“一遍”，如看一本书，从第一页看到最后一页，叫“看了一遍”，看一部电影，从开头看到结尾，叫“看了一遍”。一般地，那些需要有头有尾，需要从头到尾做完的，用“遍”，如：

① 那个电影我看了三遍。

② 请你再说一遍。

（2）“次”不要求“从头到尾做完”，只要是做了就是一次。

③ 这本书我看了三次，可是每次都没看完。

④ 上次你请客，这次我请，下次你再请吧。

⑤ 这是我第二次来中国。

从 离

“从”和“离”有相同的译词“from”，学生容易混淆。

辨析

（1）“从”用来表示起点，常常和“到”一起用，组成“从A到B……”结构，如：

① 从北京到天津有 130 多公里，坐车要 1 个多小时。

② 我每天从 8 点到 12 点上课。

“离”用来表示距离，用在“A 离 B……近 / 远……”结构中。如：

③ 我家离学校很近。

④ 北京离天津不太远。

⑤ 你感冒了，我要离你远点儿。

（2）“从”的后边可以接地方，也可以接时间。如：

⑥ 我从学校出发，你呢？

⑦ 从明天开始，我们学习第三本书。

“离”用在时间上，时间一般是与做什么事有关系的时间。

⑧ *2 点离 4 点很长。　　（×）

⑨ 现在 3 点，离飞机起飞（的时间）还有一个半小时。

＝现在 3 点，离 4 点半（飞机 4 : 30 起飞）还有一个半小时。

⑩ 离下班（的时间）还有半个小时，现在不能走。

从前　以前

“从前”和“以前”有相同的译词“before, ago”，学生容易混淆。

辨析

（1）“以前”一般不单用，要说“……以前”，表示“在某件事发生前的时间”。如：

① 来北京以前，我以为北京没有汽车，只有自行车。

② 吃饭以前应该先洗手，吃饭以后，也应该洗手。

③ 我要在 5 点以前赶到银行。

④ 30 岁以前我不打算结婚。

⑤ 很早很早以前，有一个国王，他喜欢骑马。

（2）“从前”是时间名词，和“昨天、去年”等一样，常常单用，一般表示离现在比较远的时间，常常在开始讲过去的事情或者故事时使用。

⑥ 我给你们讲一个故事：从前，有一个国王，他喜欢骑马。……

⑦ 从前，有一个农民，……

“讲故事”时也常常用“很早（很早）以前”或“很久（很久）以前”。如：

⑧ 很早以前，杞国有一个人总是担心天会塌下来……

⑨ 很久很久以前，有一个人叫叶公，他很喜欢龙……

都 全

“都”和“全”有相同的译词“all”，但用法不同，学生容易混淆。

辨析

（1）“都”是范围副词，表示集团的全部成员具有相同的属性。如：

① 我们都是一年级学生。 （√全）

② 这几天都在下雨。 （√全）

“全”是形容词，也可以这样用，表示范围。不过“全”更为正式一些。

（2）“全”是形容词，可以做定语，如“全家、全校、全国、全世界”，也可以做谓语、补语等。如：

③ 我们这儿的家具很全，你随便挑。 （× 都）

④ 这次去一定要买全了。 （× 都）

“都”不能这样用。

二 两

“二”和“两”有相同的译词“two”，学生容易混淆。

辨析

（1）科学计算、数数的时候，一般用“二”，写作“2”或者“二”。如：

① 一、二、三、四……十二、二十二、二百、二百零二、二千二百二十二

② 0.2 零点二 2/3 三分之二

③ 我们班有二十二个人。

口语中，百、千、万、亿位数上的数字“2”，如200、2000、20000、200000000，可以说“二百、二千、二万、二亿”，也可以说“两百、两千、两万、两亿”。如：

220	二百二（十）	两百二（十）	
2200	二千二（百）	两千两百	两千二（百）
22000	二万二（千）	两万两千	两万二（千）
22200	二万二千二（百）	两万两千两百	两万两千二（百）
200000	二十万		
2000000	二百万	两百万	

（2）表达“多少”的数量一般用“两”，不用“二”，形式是“两+量词”。如：

④ 我买了两件衣服。（× 二）

⑤ 我们只有两个人，怎么办？（× 二）

不过，中国传统的度量词前也可以用“二”。如：

二尺　二寸　二斤　二两[①]

（3）表示顺序的序数用“二”，不用“两”。

⑥ 今天是我来北京的第二天。

⑦ 今天是星期二（星期二＝一个星期的第二天）。

⑧ 他是我二哥。

⑨ 我们的教室在二层（二层＝第二层）。

方法　办法

辨析

（1）“办法”是遇到了某些问题或者情况，需要想想怎么办、怎么去解决时，想出来的主意。

① 车坏了，我们怎么办？你快想一个办法吧。

② 该想的办法都想了，我真的没有办法了。

③ 我试了，这个办法不行。

（2）“方法”是某人做事情，如工作、学习等时通常使用的方式。如：

④ 看电视是学习汉语的好方法。

⑤ 和中国人聊天是我常常用的学习方法。

⑥ 他很聪明，学习方法也很好，所以成绩很好。

分　分钟

“分”和“分钟”有共同的译词“minute”，学生很容易混淆。

辨析

（1）“分”可以表示时间点：“××点××分”。如：

① 8∶10　八点十分

② 9∶35　九点三十五分

也可以表示时间段：“××小时××分”。如：

① 这时因为单位“两”与数词“两”相同，所以只能用“二”。

③ 他游1500米用了15分40秒。

④ 您一共打了1小时50分，收费30元。

不过时间段更常用的是“分钟”。

（2）“分钟”只能用于表示时间段，如：

⑤ 你们一共唱了3小时零5分钟，应该付90元。

⑥ 从北京到天津坐火车只要29分钟。

刚 刚才

“刚”和“刚才”有共同的译词“just, a moment ago”，但用法不一样，学生容易混淆。

辨析

（1）“刚”是时间副词，用在主语后动词前，表示事情或动作发生的时间虽然在过去，但离现在非常近，所以虽然在过去，但常常不用“了”。

① 你来得正好，他刚起床。

② 那件事刚做完，这件事又开始了。

“刚”可以重叠成“刚刚”，表示的时间离现在更近，一般也不用“了”。如：

③ 他刚刚走，你现在去也许能追上。

④ 手里的工作刚刚做完，新的工作就来了。

（2）“刚才”是时间名词，和“今天、明天”等一样，可以放在主语前边，也可以放在主语后边，表示离现在很近的过去的某个时间，如2分钟前，5分钟前等。

⑤ 你刚才去哪儿了？/刚才你去哪儿了？

⑥ 你刚才在做什么？/刚才你在做什么？

⑦ 这个字是我刚才写的。

总的说来，“刚V”侧重于说明动作发生的时间离说话的时间近，“刚才”则侧重于说明动作是什么时候发生的。比较：

⑧ A：对不起，你等了很长时间了吧？

B：没有，我刚到。

⑨ A：你什么时候看见他的？

B：刚才。

忽然　突然

“忽然”和“突然”有共同的译词“suddenly”，学生可能混淆。

辨析

（1）“突然”和“忽然”都可以做副词，用于过去的事情，表示事情是在没想到的情况下很快发生的。在句子中可以用在主语前，也可以用在主语后。

① 我在路上走着，突然下起雨来了。　　（忽然√）

（2）除了副词以外，“突然”还是形容词，可以说“……很突然”等。如：

② 地震来得非常突然，我们一点准备都没有，死了很多人。

③ 这件事太突然了，谁也没想到。

“忽然”只是副词，不能这样用。

④ * 这件事情很忽然。

还　还是

“还”和“还是”在很多词典和教材中都翻译成“still”，学生容易混淆。

辨析

（1）以前是什么样的情况，现在或最后的结果是一样的情况，没有变化，可以用“还”，也可以用“还是”。

① 虽然秋天了，可是天气还很热。　　（√还是）

② 这么多年过去了，他还一个人，一直没有结婚。（√还是）

（2）“还是”侧重于表示事情最后的情况和以前一样，没有变化。常常和“最后”一起连用，表示过去的情况没有变化。这一点和“还”不太一样。如：

③ 你说了半天，我还是不明白。　　（×还）

④ 虽然他很努力，最后还是输了。　　（×还）

⑤ 医生用了各种各样的办法，他最后还是死了。（×还）

⑥ 我试了很多次，还是没有成功。　　（×还）

（3）“还”侧重于表示到某个时间为止，常常是现在（说话的时间），情况和以前一样，没有变化 。如：

⑦ 都12点了，我儿子还没回家。怎么办呢？　　（×还是）

⑧ 半夜了，他还在工作。　　（×还是）

⑨ 儿子，你现在还小，等你长大了再说吧。　　（×还是）

⑩ 这个汤很好喝，我喝了一碗，还想喝一碗。　　（×还是）

（4）“还是”还可以用来问别人在几个选项中最后选择哪一种，如：

⑪ 咱们喝啤酒还是白酒？（× 还）

⑫ 坐车、骑车，还是打车？（× 还）

⑬ 你还是上午去？还是下午去？（× 还）

“还”没有这个用法。

还是　或者

“还是”和“或者”有共同的译词“or”，但用法不同，学生常常混淆。

辨析

（1）表示选择时，“还是”一般用在疑问句中。如：

① 你们今天去还是明天去？

② 明天去长城还是去故宫？

回答时一般不用“还是”，不过如果表示在比较 A 和 B 的好处和坏处后做出的决定时，可以用“还是……吧”。如：

③ A：我们怎么去？坐公交还是地铁？

B：公交太慢，地铁太挤，还是骑车吧。

（2）“或者”一般用在陈述句中。如：

④ 我们明天去故宫或者天坛。

⑤ 明天去或者后天去都可以。

会　能

“会”和“能”都是助动词，有相同的译词“can”，学生容易混淆。

辨析

（1）“会”和“能”都可以表示具备某种能力，区别是：天生的或学习以后掌握的能力，一般用“会”，“会”的能力一般是长久的。如：

① 鸟会飞，鱼会游，这都是天生的。

② 我不会开车，想学学，学会了就可以自己开了。

③ 我会说汉语。

而有条件的能力，也就是在某种情况下才可以发挥的能力，用“能”。如：

④ 我会游泳，身体好的时候能游 1000 米。

⑤ 我会开车，不过今天不能开，我喝酒了。

⑥ 没有水鱼就不能活。

（2）“会 V”有“百分之百可能 V”的意思，肯定用“S 会 V（的）”，否定用“不会”，如：

⑦ 放心吧，明天我会去的。

⑧ 这么晚了，看来他不会来了。

⑨ 我觉得今天可能会下雨。

（3）“能”有“……允许做什么”的意思，可以是“人”的允许，也可以是“法律、规定”等的允许，还可以是“自然的规律、物体本身的性质”等的允许。如：

⑩ 孩子：今天是我朋友的生日，我能去参加吗？
妈妈：当然能去。（妈妈允许）

⑪ 这儿不能吸烟，这是规定。（规定不允许）

⑫ 打雷的时候不能站在树的下面。（自然规律不允许）

⑬ 休息好了才能更好地工作。（规律允许）

⑭ 明天我没事，我能来。（情况允许）

“会”不能用于“允许”。

（4）这两个词前边可以用“很”“非常”“真”等程度副词修饰，表示擅长做某事。在下面的例句中，“会”侧重于说话的技巧，表示说得好听，说得漂亮，“能”侧重于说话的能力，特别指说话的时间长。

⑮ 他很会说话，让人听着很舒服，所以大家都很喜欢他。
（知道话怎么说别人爱听）

⑯ 这人特别能说，一口气能说两个小时。（发言的能力很强）

家　房子

“家”“房子”有共同的译词“home, house”，学生容易混淆。

辨析

（1）“家”有时候指“家庭”。如：

① 我家有 4 口人。

② 这件事我家不同意。

有时候指一个家庭居住的房子。如：

③ 他回家了。

④ 他已经搬到了新家里。

（2）“房子”除了可以是家庭住的房子，也可以是各种各样其他的房子，如做生意用的房子、办公用的房子等，如：

⑤ 这个房子的样子很好看。

⑥ 我家有三套房子，一套大的，两套小的。

⑦ 我想在市中心买一套新房子。

见面 遇到 遇见

“见面”和“遇到”有相同的译词“meet, encounter”，但用法不同，学生常常混淆。

辨析

（1）“见面”是事先商量好了什么时间在什么地方见，如：

① 我们今天晚上 7 点见面。

② 我们在哪儿见面？

注意：“见面”是离合词，不可以带宾语，不能说“见面 +N”，应该说“跟……见面”，如：

③ * 昨天见面了一个好朋友。

④ * 我常常见面他。

⑤ 我常常跟他见面。

（2）如果之前没有约好，而是在路上见到了，就用“遇到”，“遇到”用于没有想到的情况。如：

⑥ 刚才我遇到了王老师。

⑦ 最近我遇到很多奇怪的事情。

“遇到”有时候也可以说成“遇见”。

（3）“遇见”的宾语一般是“人”，而“遇到”的宾语既可以是“人”，也可以是“事情”。比较：

⑧ 回家的路上我遇见了李老师。 （√ 遇到）

⑨ 昨天我遇到一件奇怪的事情。 （× 遇见）

语体上，“遇到”更口语一些，而“遇见”有一定的文学性。

就 才

“就”和“才”在表达主观性上有一定的联系，学生不容易理解，容易混淆。

辨析

（1）如果说话人主观认为事情发生得早、快、顺利或者数量少，用“就”来表达，形式是“S+ 数量 + 就 +V（了）”。如：

① 我今天早上 5 点就起床了。

② 他吃了一碗米饭就饱了。

③ 走路 10 分钟就到。

（2）如果说话人主观认为事情发生得晚、慢、不顺利或者数量多，用“才”来表达，形式是“S+ 数量 + 才 +V”。

④ 他 35 岁才结婚。

⑤ 走路要两个小时才能到。

⑥ 他吃了 5 碗米饭才吃饱。

（3）用“就”表示已经发生的事情时，句尾要用“了”；用“才”时，不管事情是否已经发生，都不用“了”。

觉得　认为　以为

“觉得”和“认为”都用来表达观点，有共同的译词“think”，学生容易混淆。

辨析

（1）“觉得”可以用来表达身体或者心里的感觉，用于“$S_{人}$ + 觉得 +adj”结构。如：

① 我觉得有点儿冷。

② 我觉得心里很不舒服。

表达“身体或心里的感觉”时不可以用“认为”。

（2）“觉得”也可以用来表达人的想法、观点，用于“$S_{人}$ + 觉得 + 小句”结构。如：

③ 我觉得<u>今天不会下雨</u>。

④ 我觉得<u>汉语没有英语难</u>。

这些观点常常是根据个人的直觉或经验得出的，说的时候比较随意。

（3）“认为”只用来表达人的观点，这些观点常常都是根据道理或者事实得到的，多在正式场合使用，语意比较重。如：

⑤ 孔子认为：人和人应该互相帮助，互相关爱。

⑥ 古代的中国人认为：人们用“心”而不是用大脑来思考。

⑦ 我认为：人天生是自私的。

（4）“以为”常用来叙述过去的事情，如果某人发现过去的某个看法是错误的、不对的，可以用“$S_{人}$ + 以为 +……小句……”结构。如：

⑧ 以前我以为你是韩国人，原来你是日本人。

⑨ 我以为今天会下雨，所以带了雨伞。（实际上今天没下雨）

“以为”也可用于表达观点，不过不常用。

看　看见

“看”和“看见”意思上很接近，学生常常混淆。

辨析

（1）意思上，“看”是动作，可以用于需要用“眼睛”做的很多活动，如学习的“看书”，娱乐的“看电影”“看电视”，看望的“看朋友”等。“看见”是动作的结果，只用于表达“眼睛发现了某个东西”。比较：

① 我看书了。/ 我看见那本书了。　　　　（前者是“学习”）

② 我去看她了。/ 我看见她了。　　　　（前者是“看望”）

（2）用法上，“看”可以用于过去、现在和将来，也可以用在命令句里。“看见”是动作的结果，一般用于过去的情况，情况只有两种：要么“看见了”，要么“没看见”。不能说“不看见”等。比较：

③ 我看了，不过没看见。

④ * 我看见了，不过没看。

⑤ 你看，这是我今天买的新书。　　　　（× 看见）

⑥ 你快去看看。　　　　（× 看见）

看起来　看来

“看起来”和“看来”有相同的译词“look like”，但用法不同，学生很容易混淆。

辨析

（1）“看起来”表示从表面上看到的情况。如：

① 他看起来很高兴。

② 你的脸色看起来不错。

③ 这幅画看起来好像是假的。

（2）“看来”通常表示根据看到的或了解到的某种情况做出推断。如：

④ 他开着一辆宝马，看来他很有钱。

⑤ 他一直说这个计划有问题，看来他不同意我们的计划。

⑥ 你从来不吃中国菜，看来你不喜欢中国菜。

连忙　马上

“连忙”和“马上”都有“很快做什么”的意思，词典和教材中一般都翻译为“right now, soon”，学生常常混淆。

辨析

（1）“连忙”用于叙述过去发生的事情，某人看到A情况，很快做B事情，这时候可以用“连忙”。如：

① 昨天晚上我正在房间里做作业，突然有人敲门，我连忙去开门。

② 听说小李生病住院了，我连忙赶到医院。

③ 昨天在饭馆吃饭的时候，我不小心把别人的衣服弄脏了，我连忙说对不起。

上面的情况也可以用“马上”。但否定的时候只能用“马上”，不能用“连忙”。如：

④ 收到他的信以后，我没有马上给他回信。　（×连忙）

⑤ 下班回到家，她没有马上做饭。　（×连忙）

（2）“马上”还可以用于没有发生的事，如：

⑥ 马上要下雨了，你快点走吧。　（×连忙）

⑦ 饭马上就做好了。　（×连忙）

⑧ 我马上就来。　（×连忙）

（3）“马上”还可以用于“命令别人很快做什么”，如：

⑨ A：你马上给妈妈打个电话。　（×连忙）
B：好的，我马上打。　（×连忙）

⑩ A：你马上把这个翻译出来。　（×连忙）
B：好，我马上就开始翻译。　（×连忙）
A：不是“马上”，是现在。　（×连忙）

了解　理解

它们都是动词，有相同的译词“understand”，学生容易混淆。

辨析

（1）“了解”侧重于知道很多客观信息，“理解”侧重于明白并能接受某种想法或行为背后的道理。如：

① 我非常了解他，连他以前交过几个女朋友我都知道。

② 他说的事是不是真的，我们需要再了解了解。

③ 我在那儿住了很多年，对那儿的情况很了解。

④ A：父母年纪大了，我不想离开他们去外国工作。

B：我非常理解你的想法。

⑤ 虽然我觉得他这样做不对，不过我能理解。

⑥ 我真不理解，他家这么有钱，他怎么会去偷东西呢？

（2）“理解”还可以表示明白话语或文章中包含的意思。

⑦ 这篇文章的内容我理解了。 （× 了解）

⑧ 这个句子我不太理解，你能给我解释一下吗？ （× 了解）

⑨ 我说的不是这个意思，你理解错了。 （× 了解）

旅游 旅行

“旅游”和“旅行”有相同的译词“travel”，但意思有些不同，学生可能混淆。

辨析

（1）“旅游”是到比较远的地方，一般是到在风景或历史文化方面比较有名的地方去，一边游，一边玩，一边看，重在“游”。常常用“到……旅游”“在……旅游”等结构。

① 这个暑假我想到南方去旅游。

② 他去法国旅游了。

③ 国家旅游局说今年有三千万外国人来北京旅游。

（2）“旅行”一般是到比较远的地方去，重在“行”，目的可以是游玩，也可以是学习、参观等。

④ 这个假期比较长，我打算做一次长途旅行。

⑤ 出门旅行要注意安全。

吗 吧

“吗”和“吧”用于问句，意思差不多，学生可能会混淆。

辨析

（1）“吗”和“吧”用在是非问句里，问别人“情况是不是这样”。“是”或“不是”的可能性差不多时用“吗”，已经知道、听说或猜到“情况很可能是这样”，但不肯定，请对方来确认的时候，用“吧”。如：

① 你是韩国人吗？　　（可能是，也可能不是。）

② 你喜欢运动吗？　　（可能喜欢，也可能不喜欢。）

③ 你是韩国人吧？　　（说话人估计对方是韩国人。）

④ 你喜欢运动吧？　　（说话人估计对方喜欢运动。）

（2）表达反问的是非问句中一定要用“吗”，不能用“吧”。如：

⑤ 你不是回国了吗？怎么还在这儿呀？　　（× 吧）

⑥ 他不是有钱吗？今天就让他请客。　　（× 吧）

⑦ 目的地在北边，往南走不是更远了吗？　　（× 吧）

每 各

“每”和“各”有共同的译词“every, each”，学生非常容易混淆。

辨析

（1）“每”侧重个体的同一性，如果一个集团 A 里的全部成员具有相同的属性，可以用“每”，说“A 每一个都……”。如：

① 我们班同学都吃过。= 我们班每一个同学都吃过。

② 北京的小吃我都吃过。= 北京的每一种小吃我都吃过。

特别是分配数量时，一般用“每”。如：

③ 我每个月要花 1000 块。

④ 新来的人每个人给 300 块。

（2）“各”注重个体的差异性，表达集团里的全部成员每个具有不同的属性。如：

⑤ 今天吃饭，我们 AA，各付各的钱。　　（× 每）

⑥ 喝完酒以后，我们各回各的房间休息。　　（× 每）

⑦ 他们三个人各想心事，谁也不说话。　　（× 每）

正式讲话或文件中，称呼集团里的全部不同成员时，用“各”，如：各位同学、各省、各市、各县、各乡、各单位、各大学等。

⑧ 各位老师，各位同学，你们好！　　（× 每）

⑨ 各位同事要努力工作，完成今年的任务。　　　（× 每）

⑩ 各大学必须在 9 月 1 号开学。　　　　　　　（× 每）

在称呼时，用“各 + 量词 + 名词”的形式一般比“名词 + 们”要尊重得多。所以下对上、对高职位的称呼一般用“各”，如“各位专家”“各位嘉宾”，上对下的称呼一般用“们”，如“同学们”“孩子们”。

（3）“每”“各”都有副词用法，可以放在动词前。“每”一般只用在“每 V_1……，S+V_2……”中，表达时间、情况等背景信息。如：

⑪ 每到周末，我都要回家看看妈妈 。

⑫ 每吃一口，她都要看我一眼。

⑬ 每到一个地方，他都要先在火车站照一张照片。

“各”可以直接用在动词前，一般动词后需要有数量结构，即“S+ 各 +V+ 数量”。如：

⑭ 今年中秋节，我们三个人各吃了两个月饼。（= 每个人吃了两个）

⑮ 教室的前边和后边各有一个门。　　　　（= 每一边有一个门）

⑯ 这三种书我各要一本。　　　　　　　　（= 每种书要一本）

明白　懂

“明白”和“懂”有共同的译词“understand”，学生容易混淆。

辨析

（1）知道了话语或文章的内容或某些知识、道理，可以用“懂”，也可以用“明白”。如：

① 这个语法很容易，老师一说我就懂了。（√明白）

② A：为什么今年得流感的人这么多？

B：因为今年特别干燥。

A：哦，我明白了。

但“明白”可以有程度的差别，而“懂”除了“不很懂、不太懂、不怎么懂”以外，一般不用程度修饰。如：

③ 我很明白这句话的意思。

④ * 我很懂他的话。

（2）“明白”后边可以是名词，也可以是句子。而“懂”后边只能是名词。如：

⑤ 我明白你现在的想法。

⑥ 我明白他需要我的帮助。

⑦ 他已经不小了，应该能懂这些道理。

⑧ * 我懂他为什么这样做。

（3）搭配上，“懂 + 语言”可以说，“明白”则不行。如：

⑨ 他懂好几种外语。（× 明白）

⑩ 他懂英语，也懂汉语。（× 明白）

另外，“懂经济”“懂艺术”也可以说，“明白”则不行。

（4）“明白”还是形容词，意思是“清楚”，而“懂”只是动词。如：

⑪ 我心里很明白。（× 懂）

⑫ 我想 / 看 / 听 / 问 / 说明白了。（× 懂）

⑬ 他已经说得很明白了，你怎么还不懂？（× 说得很懂）

⑭ 你是一个明白人。你懂我的意思，对吧？（× 你是一个懂人）

能　可以

“能”和“可以”有相同的译词“can”，学生很容易混淆。

辨析

（1）表示“允许、许可”时，“可以”和“能”可以互换，“允许”可以是“某人允许 V”，也可以是“某情况允许 V”。如：

① 老师，我可以打个电话吗？（√能）（人允许）

② 教室里可以抽烟吗？（√能）（情况 / 规定允许）

不过，“能”一般不单用，不能说“……，能吗？”“……，能不能？”“能”等，而“可以”可以这样单用。如：

③ 孩子：妈妈，我想玩一会儿，可以吗 / 可以不可以 / 可不可以？（× 能）

妈妈：可以。（× 能）

④ A：这东西可以吃吗？（√能）

B：不可以。/ 不能。

（2）除了表示“允许”以外，“能”还表示“有条件的能力”和“可能”，如：

⑤ 我能吃能睡，身体没问题。（× 可以）

⑥ 你是我朋友，我能骗你吗？（× 可以）

"可以"不能这样用。

（3）"能"的否定形式是"不能"。"可以"的否定形式有两个，一个是"不能"，一个是"不可以"，"不能"更常用，"不可以"主要用于表示禁止的语境中。

⑦ A：明天的晚会你能参加吗？
B：我有事，不能参加。（× 不可以）

⑧ 教室里不可以抽烟。（√ 不能）

漂亮 美丽

"漂亮"和"美丽"有相同的译词"beautiful, pretty"，但是用法和搭配不完全相同，学生可能混淆。

辨析

（1）"漂亮"和"美丽"都是好看的，"漂亮"用在口语里，常常用来形容视觉上好看的女人、衣服、风景、艺术品等等，如：

① 他的妈妈很漂亮。

② 这儿的风景很漂亮。

③ 那是一幅很漂亮的画。

"漂亮"也可以用来表示做事情做得好。

④ 这话说得很漂亮。

⑤ 这件事你干得真漂亮。

（2）"美丽"不用在口语里，常用在文学作品里，既形容事物外形上的好看，也表示一种内在美，包含了说话人强烈的热爱的感情色彩。如：

⑥ 啊，美丽的祖国，我爱你。

⑦ 那个穿着裙子的姑娘很美丽。

去 走

"去"和"走"有相同的译词"go"，学生容易混淆。

辨析

（1）"走"最基本的意思是"用脚一步一步地从一个地方到另一个地方"，这个意思不能用"去"。如：

① 我们走路到那儿要半个小时。（× 去）

② 我们打算走过去。（× 去）

③ 我喜欢走路。（× 去）

（2）如果你想知道“从一个地方到另一个地方的路线”，也要用“走”，如“怎么走”“走哪条路”“走这条路吧”等，这时候，不一定真的是在走路，坐车、坐地铁、开车、骑车等都可以说“走”。如：

④ 请问，去天安门坐公共汽车怎么走？

⑤ 这条路不让开车，我们走那条路吧。

⑥ 这次去上海我们走天津。= 我们从天津走。

除了表示路线的名词以外，“走”后边不能有别的名词宾语。如：

⑦ 我们走教室。（×）

（3）“去”是“（从一个地方）到另一个地方”，走路、坐地铁、坐公共汽车、骑自行车、骑马等都可以。如：

⑧ 我们怎么去？骑自行车吗？（？走）

⑨ 昨天我去了天津，坐火车去的。（× 走）

⑩ 我去过很多国家。（× 走）

“去”的宾语是目的地，不能是去时的路线。

⑪ 我们走学院路。（“学院路”是路线。）

⑫ 我们去学院路。（“学院路”是目的地。）

（4）“怎么去”一般问“去的方式”，如坐车、开车、骑车、走路等。如：

⑬ 我们怎么去，坐车还是骑车？（？走）

⑭ 他们是走路去的。（× 走）

“怎么走”一般问“路线”，也就是“走哪条路”。如：

⑮ 前边没有路了，现在我们怎么走？（× 去）

⑯ 走这条路吧，这条路更近。（× 去）

（5）“咱们走吧”侧重于“出发”“离开”，而“咱们去吧”则侧重于去某个确定的目的地。

认识　知道

它们都是动词，有相同的译词“know”，学生容易混淆。

辨析

（1）当宾语是人或物时，“认识”侧重于见过，没见过但听说过，一般用“知道”。如：

① 我认识那个人，我们一起吃过饭。

② 我认识这个汉字，我们上个星期学的。

③ A：你认识去颐和园的路吗？

B：当然认识，我去过好几次呢。

④ 我知道你说的那个人，不过我从来没见过。

（2）“认识”的后边只能是名词或名词性短语，“知道”的后边可以是名词，也可以是动词性短语或句子，表示某件事或某种情况。如：

⑤ 我认识 500 个汉字。 （√ 知道）

⑥ 你知道去银行怎么走吗？ （× 认识）

⑦ 我知道这件衣服是谁的。 （× 认识）

⑧ 我不知道他什么时候来的。 （× 认识）

时候 时间

“时候”和“时间”都和时间有关系，学生容易混淆。

辨析

（1）“时间”和“时候”有时可以通用，“时候”的口语色彩较“时间”浓。如：

① 时间 / 时候不早了，该回家了。

（2）表示确定的时间点或时间段时一般用“时间”。如：

② 会议开始的时间是上午 9 点。 （× 时候）

③ 飞机起飞的时间推迟了一个小时。 （× 时候）

④ 地球自转一周的时间是二十四小时。 （× 时候）

（3）“时候”是具有某种特征的时间段，长度相对模糊。“时候”的前边一般有表示该时段的特征词语或指示词，如“小时候、年轻的时候、在北京留学的时候、这时候、那时候”等。如：

⑤ 小时候，我常常生病。

⑥ 他到机场的时候，我已经走了。

⑦ 我的父母是 1980 年来北京工作的，那时候，我刚出生。

（4）“有 / 没有 + 时间”表示有无空闲时间；而“有时候”是一个副词，表示某些时候，也说“有时”。如：

⑧ 这个周末你有没有时间？

⑨ 周末我有时候去逛商店，有时候去跟朋友聚会。

（5）“我们什么时候出发？”和“我们什么时间出发？”的意思有点儿不一样，“什么时候”可以问几月几号，也可以问几点几分，而“什么时间”一般只问几点几分。

先 首先

“先”和“首先”有共同的译词“first”，但用法不太一样，学生容易混淆。

辨析

（1）“先”是时间副词，用在“S+ 先 +V”结构中，表示做事情时时间上的前后关系，可以单用，也可以和“再”“然后”一起连用。如：

① 这个地方是我先发现的。

② 我先休息一下，然后再给你做饭。

一般来说，“先”更口语一些。

（2）“首先”是时间名词，表示做事情时的时间先后顺序或者事情的重要程度，常常在说明或者讲道理的时候用。可以用“首先，……；第二，……；第三，……”，也可以用“首先，……；然后，……；最后，……”，还可以用“首先，……；其次，……；再次，……；最后，……”，形成较长的语段。如：

③ 买新手机的时候，首先要打开包装，检查东西全不全，然后要开机试一试有没有问题。

④ 为什么说旅游也是一种学习？因为：首先，旅游可以增加我们的知识，让我们对中国有更多了解；第二，旅游中需要用汉语和中国人说话，可以使我们的口语进步；第三，旅游以后写游记，可以提高写作的水平。

“首先”不能用于一个单句，而“先”可以。如：

⑤ 你们先走，我马上就来。　　（× 首先）

⑥ 今天我比你先到教室。　　（× 首先）

想 要

助动词“想”和“要”有共同的译词“want”，学生常常混淆。

辨析

（1）这两个词主要是在表示意愿时容易混淆。“想”侧重于有某种想法，“要”表示必做的意志，“要”比“想”的语意重，有时与“一定”“非……不可”等搭配使用，而我们一般不说“一定想”“非想……不可”。这两个词的否定形式都是“不想”。如：

① 我想去美国上大学。

② 我不想和他一起去。

③ 我不喜欢这个工作，我要辞职，你们谁也别劝我。

④ 等我有了钱，一定要买一个大房子。

⑤ 父母不喜欢他的女朋友，可是他非要跟她结婚不可。

“要”重在表示因为需要才这样做。如：

⑥ 来北京以后，我要习惯这儿的天气。

⑦ 公司说我也要去，虽然我不想去。

⑧ 下午我要去银行，你想去吗？

（2）“要”常常用来对别人提要求，下命令，让别人怎么做，否定形式是“不要V”，意思是“别V”，不让人V，表示禁止。如：

⑨ 妈妈对我说：“你要记住，到北京以后，不要天天玩，要努力学习。”

⑩ 我对自己说：“一定要坚持，坚持就是胜利。”

⑪ 你感冒了，不要去工作了，要好好休息。

“想”没有这个用法。

（3）“要V……了”有“将要发生V”的意思，“想”没有这个意思。如：

⑫ 要下雨了。　（×想）

⑬ 他明天就要回国了，我们去看看他吧。　（×想）

像　好像

“像”和“好像”有共同的译词“like, seem”，学生很容易混淆。

辨析

（1）表达A的样子或其他具体方面和B相同或相似，用“像”，否定式是“不像”。如：

① 他的长相像爸爸，性格像妈妈。

② 我不像你，你有钱，我没有钱。

③ 你别像他那样不努力学习。

用于比拟时，常常使用“像……（一样）”“像……似的”结构，如：

④ 他的脸红得像秋天的苹果一样。

⑤ 他走路像风一样。

⑥ 风刮在脸上，像刀割似的。

（2）“好像”不用于具体的形象方面，常常用于比拟的情况，而且没有否定式。

⑦ * 他的样子好像他爸爸。（√像）

⑧ 他走路的样子好像女人。（√像）

⑨ * 我不好像你，你努力，我不努力。（√像）

（3）表达“猜测、估计”时，常常用“好像”“像是”，“好像”“像是”的后边可以是小句。如：

⑩ 你听，房间里好像有人。= 好像房间里有人。

⑪ 我们好像在哪儿见过面。= 好像我们在哪儿见过面。

⑫ 这个包好像不是我的，你好像拿错了。

“像”的后边不能带小句。

一点儿　有点儿

“一点儿”和“有点儿”有共同的译词“a little”，学生很容易混淆，也常常混淆。

辨析

（1）“一点儿”是数量词，用在“V+ 一点儿 +N”结构中。如：

① 我买了一点儿水果。

② 这是我的一点儿小礼物，请你收下。

“一点儿”可以用在比较句中的形容词后边，常用句式是“（A 比 B）+adj 一点儿”。如：

③ 他比我高一点儿，我比他胖一点儿。

④ 太贵了，能不能便宜一点儿？

（2）“一点儿”还可以用在“S+ 一点儿也不 / 没 +adj/V”结构中，表示完全的否定。如：

⑤ 今天一点儿也不热。

⑥ 我觉得她一点儿也不漂亮。

⑦ 我一点儿也不想去。

⑧ 早饭他一点儿也没吃。

⑨ 我心里一点儿也不愿意。

"有点儿"不能这样用。

（3）"有点儿"是副词，指示形容词的程度，一般用在表示中性或负面评价的形容词前边，常用句式是"S+ 有点儿 +adj"。如：

⑩ 今天有点儿冷。

⑪ 这个字有点儿难。

⑫ 你今天来得有点儿晚。

"有点儿"不能放在表示积极的、"好的"的形容词前边。如：

⑬ * 她有点儿漂亮。

⑭ * 他看起来有点儿高兴。

注意：汉语学习者常常把"有点儿"说成"一点儿"。

一直　从来

"一直"和"从来"都表示历来如此，如"我一直不喝酒""我从来不喝酒"，学生容易混淆。

辨析

"一直"侧重表示在某个时间段里情况没有发生任何变化。这里的情况可以是肯定的，也可以是否定的。如：

① 从小到大，我一直不喜欢吃辣的。

② 从第一次见到你，我就一直喜欢你。

"从来"侧重表示在一个时间段里某方面的经历一次也没有，所以"从来"只用在否定句中。如：

③ 我从来没找他借过钱。

④ 我从来没学过这样的话。

⑤ 我从来不说假话。

⑥ 他从来不喝酒。

一直　老　总是

"一直""老"和"总是"有共同的译词"always"，但用法不一样，学生很容易混淆。

辨析

（1）如果在时间 T1 到时间 T2 的一个时间段里情况 A 没有变化，可以说"一直 A"。如：

① 从小到大，我一直不喜欢吃辣的。

② 从第一次见到你，我就一直喜欢你。

③ 北京的生活我一直都没习惯。

这里的情况 A 可以是肯定的，也可以是否定的。

④ 我一直喜欢她，可她一直都不喜欢我。

（2）如果在一个时间段里一次又一次地做同样的事，或者多次做同样的事，可以说“老 V”，也可以用“总是”或者“总”。如：

⑤ 最近他总是给我打电话。

⑥ 最近他老给我打电话。

⑦ 最近他总问这个问题。

用“老”常常有批评、不满的意味。

⑧ 妈妈，哥哥老欺负我。

⑨ 你为什么老批评我？

（3）如果每次情况 A 出现，情况 B 就出现，可以说“总（是）B”，如：

⑩ 我每次去找她，她总是说“没有钱”。

⑪ 每次考试，他总是很有信心。

⑫ 每次喝酒，他总是会喝醉。

这里一般不用“一直”，也不用“老”。

以后　后来　然后

“以后”和“后来”有共同的译词“after, later”，学生常常混淆。

辨析

（1）首先，“以后”“后来”是名词，“然后”是连词。

（2）“以后”表示“某件事情后”的时间，可以是过去的时间，也可以是将来的时间，常常用于“……事情 A 以后，事情 B”结构。如：

① 下课以后我要去银行。

② 昨天晚上我先吃饭，然后看电视，看了电视以后我就睡了。

③ 这以后我再也没见过他。

“以后”表示过去的时间时一般不单用，表示将来的时间时可以单用。如：

④ 你打算以后怎么办？

⑤ 我以后要自己做老板 。

⑥ 他的一生很顺利，大学以后工作，工作以后结婚生子，结婚生子以后升职，再以后就当上了部长。

（3）“后来”只用于叙述过去的事情，一般单用。如：

⑦ 大学毕业以后他在北京工作了几年，后来出国了。

⑧ 你昨天说小李出交通事故了，后来怎么样了？

⑨ 今天他特别没精神，刚开始我以为是没休息好，后来才知道是挨领导批评了。

（4）“然后”用来表达做事情的先后顺序，是一步一步地做，一般是“先A，然后B”。如：

⑩ 我们先准备一下，然后再开始干吧。

⑪ 这次旅行，先到法国，然后去意大利，然后到希腊，最后从希腊回国。

（5）“以后”和“后来”都可以做定语，说成“以后／后来的事情”“以后／后来的情况”。不过“以后”既可以用于过去的时间，也可以用于将来的时间，前边还可以有“这／那”等定语；“后来”只能用于过去的时间，前边不能用“这／那”。如：

⑫ 我给你们做这些，以后的事情你们自己做。（× 后来）

⑬ 父母帮我到结婚，以后的事情都是我自己做的。（√ 后来）

⑭ 那以后的情况我都忘了。（× 后来）

因为　由于

“因为”和“由于”有相同的译词“because”，但用法不完全一样，学生有可能用得不恰当。

辨析

（1）“因为”表示事情的原因，可以用在口语里，也可以用在书面语里。可以与“所以”连用，形成“因为A，所以B”结构，也可以单用。

① 因为早上起晚了，所以我没有时间吃早饭。

② 因为路上堵车，我们来晚了。

“因为”可以放在句子前边，也可以放在句子后边。如：

③ 妈妈非常生气，因为孩子说了假话。

④ 孩子因为说了假话挨妈妈批评了。

有时候也可以用“之所以B，是因为A”结构。如：

⑤ 我之所以不同意这样做，是因为这样做有危险。

⑥ 这家商店之所以受欢迎，是因为服务很周到。

（2）“由于”的意思是“……的原因在于……”，比较正式，常常用在正式的报告、公文里。常用句式是“由于A，所以B”。这里的A可以是小句，如：

⑦ 由于中国非常大，所以各地的习惯不太一样。

⑧ 由于两国还没有直达的航班，所以去那里不太方便。

也可以是名词性结构，形成“由于……的……，……”结构，如：

⑨ 飞机由于天气方面的影响晚点了。

⑩ 由于他的错误，我们没坐上飞机。

（3）“由于”可以跟“因此”一起用，“因此”的意思是“因为这个”，所以前边不用“因为”。如：

⑪ 由于路上经常堵车，因此不少人坐地铁上下班。（×因为）

又 再 还

“又”“再”和“还”有共同的译词“again”，学生常常混淆。

辨析

（1）表示多次重复发生的动作或出现的情况时用“又”(也可以用“还”)，动作和情况可以是已经发生的（出现的），也可以是将要发生的（出现的）。

① 上周刚考完试，下周又要考。真让人头疼！

② A：天气预报说明天又要下雨。

B：啊？又下雨！这个月已经下了好几次了。

表示已经发生的重复的动作时，“又”常和“了”一起用。如：

③ 昨天我们又去了一次。（以前去过）

④ 你怎么又来了？（以前来过）

（2）“又”还可以表示在某个范围外有所补充。常用句式是“S又A又B”或“S……A……，又……B……”。如：

⑤ 她又年轻又漂亮。

⑥ 北京的夏天又闷又热。

⑦ 他年轻，又懂外语，你一定喜欢。

“再”不能这样用。

（3）如果“做了一次”之后，觉得不够或者还想做一次，可以用“再”表示自己想做第二次或更多，也可以用“再”命令别人做第二次或更多。具体用法是“再 V+……（数量）”。如：

⑧ 请你再给我一次机会。

⑨ 老板，能不能再便宜点儿？

⑩ 服务员，再来一瓶啤酒。

⑪ 我没听懂，请你再说一遍好吗？

（4）“还”的意思是“情况和以前一样，没有变化”。如：

⑫ 你还年轻，不要这么着急。

⑬ 他还没来。

⑭ 雨还没停。

⑮ 老师说了半天，你怎么还不明白？

如果以前想做什么，做了一次，觉得不够，想做第二次，第三次……那么可以说“还想 / 要 V+……（数量）”。如：

⑯ 那个电影我看了一次，还想看一次。

⑰ 我已经喝了五瓶了，还想喝五瓶。

“还”常常跟“能、可以、要”一起用。如：

⑱ 我希望我们明年还能见面。

⑲ 这个别扔了，还可以用一次。

“还”也可以和“再”一起用。如：

⑳ 颐和园我还想再去一次。

㉑ 明年我还会再来的。

于是　所以

“于是”和“所以”有共同的译词“so”，学生容易混淆。

辨析

（1）“于是”用在讲过去发生的事情的语境中：某人做事情的时候遇到情况A，在这种情况下他做了B。“于是”侧重表达情况A和事件B之间的顺承关系。如：

① 昨天我去朋友家，他不在家，于是我就回家了。

② 前天下班回家，看到有人在卖衣服，非常便宜，于是我买了两件。

（2）“所以”常常和“因为”“由于”一起用，侧重于事件之间的因果关系，表达因为情况 A 这样的原因或者理由，才有 B 这样的结果，常用句式是“因为 /

由于A，所以B”。如：

③ 因为今天早上起得特别晚，所以没吃早饭。

④ 因为我喜欢你，所以我特别关心你。

⑤ 由于我们没有那么多钱，所以不能住大房子。

知道　了解

它们都是动词，有相同的译词“know”，学生容易混淆。

辨析

（1）“了解”的程度比“知道”高，对人或事情知道得很多，知道得很清楚，可以说“了解”。如：

① 我们是多年的好朋友，我很了解他。

② 中国的文化和历史我知道一些，不过不太了解。

（2）“知道”的后边可以是名词，也可以是句子。“了解”的后边只能是名词或名词性短语，但可以在前边用“对”引出“了解”的对象。如：

③ 我了解他，他不是这样的人。

④ 我对北京的情况比较了解。

⑤ * 我了解他喜欢我。　　　　（×）

（3）“知道”只有“知道”或者“不知道”两种情况，不可以有“很知道、比较知道”等程度，“了解”有程度的高低，可以说“比较了解、很了解、非常了解”等。在“对……了解”的句子中，“了解”前必须用程度副词或否定词。如：

⑥ * 我很知道那儿的情况。　　　　（×）

⑦ 我很了解他。

⑧ 我对中国的历史和文化非常了解。

⑨ 你对他不了解。

最后　终于

“最后”和“终于”有共同的译词“finally”，学生容易混淆。

辨析

（1）首先，二者词性不同。“最后”是时间名词，“终于”是副词。

（2）“终于”只用于讲过去的事情，表示经过等待或努力得到了想要的结果。如：

① 我的手机丢了，找了一个下午，终于找到了。

② 这个汉字很难写，我写了 10 遍，终于记住了。

③ 雨下了三天，终于停了。

因为只用于“想要的结果”，所以“终于”一般不用在否定句中。

（3）“最后”也用于讲过去的事情，但只是客观地叙述事情的最终结果，这个结果可能是好的，也可能是不好的。如：

④ 那天我们比赛喝酒，我们喝了五个小时，最后我赢了，他输了。

⑤ 抢救了 5 个小时，最后他还是死了。

（4）“最后”是时间名词，可以做定语，也可以用来表达做事情的先后顺序，常常这样用：先 A，然后 B，最后 C。

⑥ 这是最后的结果。

⑦ 你弄错了，这个字应该先写左边，然后写右边，最后再写下边。

⑧ 今天的安排是这样的，我们先去宾馆，然后吃午饭，最后去公司见我们的经理。

参考文献

常敬宇（1995）《汉语词汇与文化》，北京：北京大学出版社。

常敬宇（2000）汉语词汇的网络性与对外汉语教学，《现代化教育技术与对外汉语教学》，桂林：广西师范大学出版社。

陈　萍（2005）汉语语素义对留学生词义获得的影响研究，暨南大学硕士学位论文。

陈贤纯（1999）对外汉语中级阶段教学改革构想——词语的集中强化教学，《世界汉语教学》第4期。

崔建新（1995）可重叠为AABB式的形容词的范围，《世界汉语教学》第4期。

崔永华、杨寄洲（2002）《对外汉语课堂教学技巧》，北京：北京语言大学出版社。

方绪军（2008）《对外汉语词汇教与学》，北京：北京师范大学出版社。

高　燕（2008）《对外汉语词汇教学》，上海：华东师范大学出版社。

葛本仪（2003）《汉语词汇学》，济南：山东大学出版社。

国家汉语水平考试委员会办公室考试中心（2001）《汉语水平词汇与汉字等级大纲》（修订本），北京：经济科学出版社。

胡　鸿、褚佩如（1999）集合式词汇教学探讨，《世界汉语教学》第4期。

胡明扬（1997）对外汉语教学中语汇教学的若干问题，《语言文字应用》第1期。

黄振英（1994）初级阶段汉语词汇教学的几种方法，《世界汉语教学》第3期。

马　前（2008）现代汉语褒贬义词研究与对外汉语教学，河北大学硕士学位论文。

马燕华（1994）初级汉语水平留学生的普通话声调误区，《北京师范大学学报（社会科学版）》第3期。

姜丽萍（2008）《对外汉语教学论》，北京：北京语言大学出版社。

焦　燕（2006）从艾宾浩斯遗忘规律曲线谈大学英语词汇记忆，《苏州教育学院学报》第2期。

李　彤（2005）近十年对外汉语词汇教学研究中的三大流派，《语言文字应用》第S1期。

李　珠（1998）关于初级阶段综合课的词语教学，《世界汉语教学》第3期。

梁静梅（2009）运用艾宾浩斯遗忘曲线突破单词难记关，《陕西师范大学学报（哲学社会科学版）》第S1期。

蔺　璜（1996）粘状动词初探，《语文研究》第3期。
陆俭明、马真（1985）《现代汉语虚词散论》，北京：北京大学出版社。
陆俭明（2000）“对外汉语教学”中的语法教学，《语言教学与研究》第3期。
吕叔湘（1999）《现代汉语八百词》（增订本），北京：商务印书馆。
钱旭菁（2005）词义猜测的过程和猜测所用的知识——伴随性词语学习的个案研究，《世界汉语教学》第1期。
苏英霞（2000）同译词辨析的几种方法，《汉语学习》第2期。
苏英霞（2010）汉语学习者易混淆虚词的辨析视角，《汉语学习》第2期。
孙德金（2006）《对外汉语词汇及词汇教学研究》，北京：商务印书馆。
孙新爱（2004）对外汉语词汇教学应把握的几个原则，《云南师范大学学报（对外汉语教学与研究版）》第2期。
肖贤彬（2002）对外汉语词汇教学中“语素法”的几个问题，《汉语学习》第6期。
邢红兵（2003）留学生偏误合成词的统计分析，《世界汉语教学》第4期。
杨惠元（2003）强化词语教学，淡化句法教学——也谈对外汉语教学中的语法教学，《语言教学与研究》第1期。
张　博（2007）同义词、近义词、易混淆词：从汉语到中介语的视角转移，《世界汉语教学》第3期。
张　博（2008）外向型易混淆词辨析词典的编纂原则与体例设想，《汉语学习》第1期。
周　琳（2007）对外汉语教材同译词语及英语背景留学生使用偏误研究，北京语言大学硕士学位论文。
周上之（2006）《汉语离合词研究——汉语语素、词、短语的特殊性》，上海：上海外语教育出版社。
曾妙芬（2007）《推动专业化的AP中文教学——大学二年级中文教学成功模式之探讨与应用》，北京：北京语言大学出版社。
Savignon, S. J. 1997. *Communicative competence*: *Theory and classroom practice* (2nd edition). New York: McGraw-Hill.

附录一　对外汉语词汇练习方式示例

一、选择 / 填写合适的量词

考查目的：主要考查学生对量词与名词或动词搭配的掌握程度。

示例一：选择合适的量词

辆	张	场	把	座	条

1. 今天的比赛是我看过的最好看的一________比赛。
2. 你那________车太旧了，值不了多少钱。
3. 去银行换钱得先填一________单子。
4. 把这________桌子和这________椅子搬到总经理的办公室去。
5. 俗话说“条条大路通罗马（Rome）”，意思是去罗马的路有很多________。
6. 新闻上说，武汉市在长江上又建成了一________特大桥。

示例二：选择合适的量词

1. 这套北京奥运会纪念邮票一共八________。（套、张、个）
2. 去年中国从美国进口了 150________波音飞机。（架、辆、只）
3. 今年 4 月本市最高气温为 32.5________。（度、天）
4. 西药每天四次，每次三________。（个、片、条）
5. 总经理的办公室里还缺两________椅子。（把、个、次）

示例三：填写合适的量词

1. 旅行的时候，我带了一________地图。
2. 这 ________衣服很漂亮。
3. 他有一________圆珠笔。
4. 我家前边有一________河。
5. 那 ________小狗真可爱。

二、选择合适的词语

考查目的：主要考查学生对易混淆词的掌握程度（如近义词、近形词、反义词等的差别）。

示例一：选择正确的词语填空

1. 明天的中国文化讲座由北京语言大学的李老师________。（主讲、说）
2. 那个地方太远了，坐车的话也要两个小时________能到。（就、才）

3. 他是汉学家，对中国历史和文化很________。（有意思、有研究）
4. 我________明年毕业以后能去银行工作。（希望、愿意）
5. 你太不了解他了，他________不喝酒。（原来、从来）

示例二：选择正确的答案

1. 中国的名胜古迹我________都游览过。

   A 几乎　　B 连　　C 差一点　　D 打算

2. 寄信太慢，我看________打电话吧。

   A 还　　B 还是　　C 就是　　D 只是

3. 他喜欢看________中国历史和文化的书。

   A 对于　　B 关于　　C 至于　　D 由于

4. 下这么大的雨，你还来看我，我心里非常________。

   A 感到　　B 感动　　C 感觉　　D 觉得

5. ________您帮我包一下这些书。

   A 帮助　　B 麻烦　　C 要求　　D 愿意

三、判断词语的位置

考查目的：主要考查学生对不同词性的词语在句子中的位置、不同类型词语组合时的先后顺序等是否掌握。一般选择句法位置比较固定的词语，如形容词、动词、副词、介词、连词、助动词等进行考查。

示例：判断括号中的词语在句子中的位置。

1. 这份报告 A 写得 B 很不好，你 C 必须 D 写。（重新）
2. 你 A 去通知 B 个 C 部门的经理，1 点 D 准时开会。（各）
3. A 不 B 是我不 C 跟你去，我实在 D 没时间。（愿意）
4. 我 A 把行李送到宾馆 B，然后我们再一起 C 去 D 吃晚饭吧。（先）
5. 这次报告 A 我们准备 B 得很 C，不过很多材料没有用上 D。（充分）

四、用合适的词语填空

考查目的：主要考查学生是否具有选择合适的词语进行搭配 / 表达的能力。

示例：用合适的词语填空

1. ________学校的规定，有事得________老师请假。
2. 妈妈说：“我这样做都是________你。”
3. ________有个好身体，我每天都要跑一个小时的步。

4. ________那以后，我再也不抽烟了。
5. 你再________前走十分钟就是清华大学。
6. 学校________明天开始放寒假。
7. 实际上，我________他并不熟，我们也只见过一次面。

五、用指定的词语完成句子

考查目的：主要考查学生在给定语境中正确使用词语的能力。这是一种半开放性的练习。

示例：用指定的词语完成句子

1. 这个人看起来很面熟，________________________________。（好像）
2. 如果有事儿不能来上班，______________________________。（请假）
3. 他开着空调睡觉，__________________________________。（结果）
4. 经过半年多的努力学习，______________________________。（终于）
5. ________________________________，想休息休息。（有点儿）

六、造句

考查目的：主要考查学生实际使用词语的能力。这是一种完全开放性的练习，可以很好地监控学生对词语意义、用法等方面的掌握程度。

示例：用下面的词语造句

怪不得：

顺便：

值得：

开玩笑：

愿意：

参观：

七、连词成句

考查目的：主要考查学生用指定的词语组句的能力，要求学生了解词语的意义、用法以及汉语的语法结构。

示例：把下面的词连成句子

1. 到　去　以后　下课　我　要　银行　换钱

2. 到　12:00　回家　才　昨天　他们　玩　晚上

3. 的 发言 你们 都 经理 懂 了 听 吗?

4. 大家 王老师 开心 故事 使 讲 的 十分

5. 我们 产品 的 生产 最近 公司 这是 新

八、用给定的词语进行语段表达

考查目的：主要考查学生使用指定词语连词成段的语篇能力。

示例：用下面给定的词语说 / 写一段话或讲一件事（词的顺序和使用次数不限）

有一天、遇见、倒霉、突然、迷路、连忙、到处、终于

九、听写词语 / 生词

考查目的：主要考查学生对词语的词形、词义等是否掌握。常常作为一种生词教学的检查手段使用。

一般选择一课中重要的、常用的、用法复杂的生词进行听写，如名词、动词、形容词、副词、介词、助动词等。

示例：听写词语

1. 有意思
2. 好看
3. 感兴趣

十、词语接龙

考查目的：主要考查学生是否构建了汉语词库。可以帮助学生复习、总结词与词之间的联系，形成汉语词汇库。常常作为一种词语复习的手段或者课堂活动、游戏使用。

示例一：请写 / 说出与给出的词语有相同汉字或者发音的三个词

中国 　<u>中间</u>　 <u>国家</u>　 <u>中文</u>

示例二：请写出（说出）与前一个词语的最后一个字有相同字形或发音的词语

中国 国家 家庭 庭院 院校 校服 服装 ……

十一、词语搭配

考查目的：主要考查学生是否掌握了词语与词语之间的常见搭配。

示例一：连线

富有	世界
实现	佳肴
抓紧	特色
美味	愿望
闻名	时间

示例二：写出下面词语的宾语

写：____________________

打：____________________

十二、词语联系

考查目的：主要考查学生是否形成了汉语词汇网络。

示例一：请说 / 写出下面词语的近义词或反义词

高 聪明 漂亮 年轻

示例二：请说 / 写出与所给词语有关系的词语（请写出有“边”的词语）

前边：后边 左边 右边 上边 下边 东边 南边 北边 西边 旁边

示例三：请说 / 写出学过的某一类词语

家具：____________________

电器：____________________

方式（怎么去）：____________________

十三、猜词秀

考查目的：这是一种课堂活动式的练习形式，主要考查学生是否掌握了要求掌握的一些词语，如某课的生词。

示例一：根据说明猜词

1. 两个字，一种水果，圆的，红色的…… （苹果）
2. 如果你病了，要去医院看谁？ （医生）

示例二：看图猜词

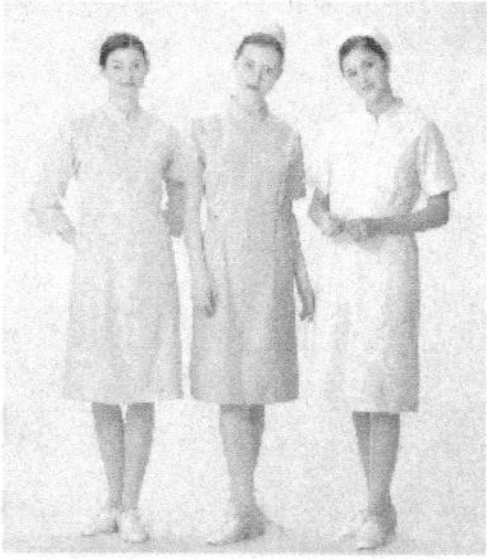

护士

十四、完形填空

考查目的：主要考查学生是否具有在语段中选择、推理、判断词语的能力。

很早很早＿1＿，有一种动物叫“年”,“年”的样子很丑，＿2＿很可怕。“年”住在海里，每年除夕的晚上都会出来吃人。＿3＿，每年除夕，人们都要逃到山里去。

1. A 以前	B 以后	C 后边	D 前边
2. A 都	B 并	C 不	D 也
3. A 因为	B 因此	C 原因	D 但是

十五、改错

考查目的：主要考查学生对词语意义、用法的掌握程度，以及是否具有一定的汉语语感。

示例：改正下面句子中用错的词语

1. 他把眼睛关上了。

2. 我错了，向你抱歉。

附录二　对外汉语教学词汇教学参考书目

陈昌来（2008）《对外汉语教学概论》，上海：复旦大学出版社。

崔永华（2008）《对外汉语教学设计导论》，北京：北京语言大学出版社。

高　燕（2008）《对外汉语词汇教学》，上海：华东师范大学出版社。

葛本仪（2001）《现代汉语词汇学》，济南：山东人民出版社。

郭继懋、郑天刚（2002）《似同实异——汉语近义表达方式的认知语用分析》，北京：中国社会科学出版社。

黄锦章、刘焱（2004）《对外汉语教学中的理论和方法》，北京：北京大学出版社。

黄晓颖（2008）《对外汉语课堂教学艺术》，北京：北京语言大学出版社。

姜丽萍（2008）《对外汉语教学论》，北京：北京语言大学出版社。

江　新（2008）《对外汉语字词与阅读学习研究》，北京：北京语言大学出版社。

金立鑫（2005）《对外汉语教学虚词辨析》，北京：北京大学出版社。

刘　珣（2000）《对外汉语教育学引论》，北京：北京语言大学出版社。

卢福波（2000）《对外汉语常用词语对比例释》，北京：北京语言大学出版社。

吕叔湘（1980）《现代汉语八百词》，北京：商务印书馆。

李晓琪（2005）《现代汉语虚词讲义》，北京：北京大学出版社。

孙德金（2006）《对外汉语词汇及词汇教学研究》，北京：商务印书馆。

王艾录（1995）《汉语理据词典》，北京：北京语言学院出版社。

王艾录、司富珍（2001）《汉语的语词理据》，北京：商务印书馆。

杨惠元（2007）《课堂教学理论与实践》，北京：北京语言大学出版社。

叶盼云、吴中伟（1999）《外国人学汉语难点释疑》，北京：北京语言大学出版社。

张和生（2010）《对外汉语词汇教学研究——义类与形类》，北京：北京大学出版社。

张和生、马燕华（2009）《对外汉语教学示范教案》，北京：北京师范大学出版社。

赵金铭（2006）《汉语可以这样教——语言技能篇》，北京：商务印书馆。

周　健（2001）《汉语课堂教学技巧325例》，北京：商务印书馆。

周思源（1997）《对外汉语教学与文化》，北京：北京语言文化大学出版社。

周小兵（2009）《对外汉语教学入门》（第二版），广州：中山大学出版社。

周小兵（2009）《对外汉语教学导论》，北京：商务印书馆。

朱丽云（2009）《实用对外汉语重点难点词语教学词典》，北京：北京大学出版社。